한 마리 사슴 되어

金榮義 수필집

교음사

책머리에

 청명한 가을하늘 아래서 심호흡을 한다. 오늘도 살아 숨 실 수 있으니 참으로 감사하다. 일곱 번째 졸저 『비취빛 삶이고 싶어』를 마지막이라 생각하며 상재한지 10년이 되어가는 이때에 아흔이 넘은 내게 다시 이런 기회가 오다니! '이를 덥석 받아드려도 될 것인가?」 회의와 불안이 휩쓸려왔다. 욕심은 버려야지. 얼마 후에 이사(移徙)까지 해야 할 처지에 놓여있는 데, 지금 내가 취할 길은 무엇인지. 몇 번을 되씹어본다. 최우선은 건강이고 그 외 것은 모두 내려놓아야 할 때라는 생각에 미치자 고민은 깊어지고 갈등은 더욱 심해져 며칠 밤잠을 설쳐야 했다.
 경자년(庚子年) 쥐띠의 해, 문득 새해를 맞던 순간이 떠오른다. 쥐의 순발력과 영민함을 본 따서 도전해 보자! '시작은 반이며 끝은 하늘에 맡기리라!' 결단을 내리니 가슴이 뜨겁게 벅차오르며 힘이 솟았다. 눈물이 나도록 감사했다.
 뒤돌아보니 35년 전, 수필집을 펴내면서 오직 '불우한 청소년들을 위한 글'이라는 단순한 명목으로 겁 없이 뛰어든 문단이었다. 마치 관중 한가운데 홀로 세워진 듯 부끄럽고 당황스러워 아찔했던 기억이 생생하다.

지난 격동기의 난세를 나름대로 살아낸 담담한 마음으로 이젠 마지막 열정을 다해 내 생애에 겪은 삶의 이야기를 진솔하게 털어놓고 싶다. 비록 어설픈 넋두리라 여겨질지라도 최선을 다해 여덟 번째 수필집 『한 마리 사슴 되어』를 세상에 내놓는다.

　'개개인의 삶의 흔적이 그 시대의 문화적 배경이고 역사다.'라는 말처럼 내 서툰 글 속엔 나의 전 생애가 투영 될 것이다. 하찮은 상처나 부서진 마음의 사소한 공감을 통해서라도 그 시대적, 문화적, 역사적 배경을 이해하는 불씨가 되어 세대 간의 삶의 가치나 인식의 공유가 가능하리라는 희망을 품기 때문이다.

　이 책이 출간되기까지 따뜻한 조언과 격려를 해 주신 분들, 사랑하는 내 가족들, 월간 『수필문학』의 강병욱 대표님, 한국수필문학가협회 오경자 회장님, 한국예술인복지재단의 창작준비금 지원에 애쓰신 이민호 선생님께 깊은 감사를 드린다.

　아침 해가 뜨면 반드시 저녁노을이 지는 법, 마지막 나의 노을이 아름답게 저물어져 가기를 간절히 바라면서.

2020년 10월. 암사동에서　金 榮 義

| 金榮義 수필집 | 한 마리 사슴 되어 |

▸ 차 례
▸ 머리말

1부 자화상을 그리며

주름 속에 머문 5월의 얼굴 … 16
어느 오후의 날갯짓 … 20
자화상을 그리며 … 23
목숨 걸었던 어둠의 골목길 … 26
한 마리 사슴 되어 … 31
콩나물여사의 미소 … 35
황금 길 서정 … 39
겨울 이야기 … 44
쥐띠의 해, 우리의 순발력과 지혜로! … 49

2부 그래도 살아있기에

그 별은 지금 어디에 … 54
나팔꽃 사랑아 … 59
스카프 단상(斷想) … 62
35년 만의 밤 … 67
그래도 살아 있기에 … 72
내 안에 숨 쉬는 나무들 … 77
잊을 수 없는 눈짓 … 81
별이 이끌어준 길 … 85
눈망울에 비친 무지개 … 87
그 높은 은혜를 기리며 … 93

3부 눈길을 걸으며

부칠 수 없는 편지 … 98
눈길을 걸으며 … 101
민들레꽃 사연 … 105
55주년을 그렇게 보내다니! … 108
변신과 처신의 변 … 113
숲에서 띄우는 편지 … 118
남편의 털신 … 121
의지가 맺은 열매 … 126
연어계곡의 슬픈 사랑 … 130
후회와 다짐 … 135

4부 그래, 그거였던 것을!

물의 마음 ⋯ 140
사진 속 추모 언덕 ⋯ 144
그래, 그거였던 것을! ⋯ 148
노래하는 치과의사 ⋯ 153
친구라 불러주신 나의 은인 ⋯ 158
정이 쌓인 반세기 ⋯ 162
삶의 진로를 바꿔주신 은사님 ⋯ 166
시간이 멈춰선 자리 ⋯ 171
어떤 삶의 흔적 ⋯ 176
이 간절함을 어찌하랴 ⋯ 180

5부 그림자와 노인

그림자와 노인 … 186
마르지 않는 샘 터 … 191
별빛 같은 친구 … 196
다시 쓰는 유언장 … 201
예전엔 몰랐던 나라사랑 … 205
노년(老年)의 미래와 꿈 … 209
갈석(碣石) 강석호 회장님을 기리며 … 213
'스승의 날' 회상 … 217
나를 눈물짓게 하는 것 … 222

金榮義 年譜 … 226

1부

자화상을 그리며

흔히 '얼굴은 마음의 거울'이라 한다. 또 '40세가 넘으면 자기 얼굴에 책임을 지라'는 말도 있다. 이는 '얼굴'이 그 사람의 인품을 나타내는 자화상이 된다는 뜻일 게다.

주름 속에 머문 5월의 얼굴

언제부터 생긴 버릇일까. 아침저녁 거울 앞에 서면 나도 모르게 얼굴에 찬물을 끼얹은 거울 속의 나를 한참 빤히 보고 있질 않는가. 도대체 '금방 찬물로 세수한 청신한 얼굴은 어떤 것일까?' 고개를 갸우뚱거리며 다시 두 손 가득히 찬물을 받아 얼굴에 확 끼얹는다. 맑고 차가운 물이 이마에서부터 주르르 흘러내린다. 그리고 온갖 표정을 지어본다. 눈을 크게 떠보며, 웃음을 띠어 보는가 하면, 입을 꼭 다물어 보기도 한다. 그러다가 넋이 나간 사람처럼 혼자 비시시 멋쩍은 웃음을 흘리면서 물기를 닦는다. 왜 나는 금아의 「오월」에 집착하는지 모르겠다.

금아(琴兒) 피천득(皮千得) 교수는 수필 「인연」으로 특히 유명하다. 하지만 나는 그분의 「오월」을 더 좋아한다. 바로 그 글에 나오는 구절이다.

오월은 금방 찬물로 세수를 한 스물한 살 청신한 얼굴이다. (후략)

아마도 그가 스물한 살 나이였을 때에 느꼈던 오월의 모습이 아니었을까? 우리는 일 년 열두 달 적어도 보통사람이라면 아침마다 세수를 한다. 더욱이 30도를 넘나드는 살인적인 더위가 연속되는 2016년의 한여름은 아침저녁 찬물로 세수를 몇 번 해도 더위 식히기에 부족한 상황이다. 덥다 못해 지글지글 따가운 햇살에 익은 듯 땀에 절어 화끈거리는 얼굴에 차디찬 수돗물은 말 그대로 감로수다. 참으로 고마운 찬물. 시들어 쳐진 풀 한 포기에 찬물 반 바가지만 끼얹으면 잎이 생생하게 살아나듯 사람의 심신도 생기를 되찾아 소생하는 느낌을 준다. 그 풋풋해진 얼굴이 바로 청신한 오월의 느낌이 아닐까. 그의 오월은 이어간다.

하얀 손가락에 끼어 있는 비취가락지다. 오월은 앵두와 딸기의 달이요. 오월은 모란의 달이다. 그러나 오월은 무엇보다도 신록의 달이다. 전 나무의 바늘잎도 연한 살결같이 보드랍다.

이는 연녹색의 파릇파릇한 싱그러운 오월을 찬미한 것이리라.
그는 오월이란 계절과 공간을 의인화했고 사물화함으로써 거기에 생명을 불어넣고 애정으로 교감하며 오월을 사랑한 것 같다. 그러나 나는, 이미 그 당시 금아의 네 배가 넘는 세월 속에 묻혀 버렸는데 무슨 염치나 명분으로 지금의 나의 얼굴에서 그 오월의 청신함을 찾고자 하는 걸까? 그리워서일까. 아쉬워서일까. 아니면 욕심에서일까. 아니야! 싱싱하고 여리고 청순한 영혼이 숨 쉬던 때의 '나'를 이 나이에도 되찾아 붙잡고 잃기 싫은 때문이 아니겠는지? 자문자답해 본다. 솔직히 아직 살아있는 내 육신 속에도 '금아의 오월' 같은 설렘과 생기로움 그리고 청순함이 내내 머물러 있기를 간절하게 염원해 온 것 같다.

문득, 지난날을 거슬러본다. 여섯 살 때, 송화강(松花江 일명 숭가리. 만주벌판을 가로질러 흐르는 강)의 넘실거리는 강물 위에 떴던 아름다운 무지개를 보고 놀랐던 기억이 난다. 훗날, 중학교 도서실에서 윌리엄 워즈워드의 『무지개』를 읽었다.

  하늘의 무지개를 바라보면 내 가슴은 뛰누나. -(중략)- 어른인 지금도 그러하네. 나이가 들어도 그러하길, 아니면 죽어도 좋으리. 어린이는 어른의 아버지

그래! 무지개를 바라보며 가슴이 뛰지 않는다면 그는 죽은 것과 같지. 나는 설렘을 잃지 않아야지! 다짐했고, 대학 시절 피천득 교수의 수필 「오월」에서 그 '청신한 얼굴'이 주는 설렘과 무지개를 보고 두근거리는 가슴이 상통하는 느낌으로 각인된 것이 아니었을까. 또한 '얼굴'은 그 사람의 '얼이 깃든 굴', 그래서 그 사람의 영혼의 표출이라 하지

않던가. 나는 세수할 때마다 찬물을 끼얹으며 나의 간절한 소망이 얼굴에 비치는가를 확인하고 싶었나 보다. 이제 중복을 지났으니 말복을 향한 막바지 더위가 기승을 부릴 것이다. 세월 따라 계절도 어김없는 궤도를 달려갈 것이다. 그 자연의 흐름에 순응하며 나 또한 그 섭리에 따르면서도 날마다 오월 같은 새날을 맞고 싶다.

비록 세월이 남기는 주름이 늘어난다 해도 그 위에 찬물만 끼얹으면 상큼한 오월의 청신함이 살아날 것 같은 나를 지켜가기 위해 아침마다 거울 앞에 서성일 것이다. 내 생명이 있는 날까지 살아 있음의 희열과 감사, 맑음을 담은 얼굴로 머물 수 있기를 소망하며 오늘도 내일도 찬물을 끼얹으며 거울 속의 내 오월의 싱그러운 영혼을 만나고 싶다.

2016. 8. 10.

어느 오후의 날갯짓

'휴우~, 이게 얼마 만이람!' 홀가분함과 자유로움에 절로 긴 숨을 내뿜는다.

'백수가 과로사(過勞死) 한다.'는 말이 우스개로 쓰인다고만 생각했는데, 퇴직 후의 생활이 왜 그리 녹록하지 않은지? 내 일상의 모습이 스스로도 믿기 어려울 만큼 특별히 하는 일도 없이 피로가 쌓이는 느낌이다.

모처럼 아무 거리낌 없이 벌렁 누워 팔다리를 쭉 뻗어 큰 대(大)자로 침대에 몸을 던지듯 파묻힌다. 앞 벽의 엷은 분홍색 꽃 넝쿨이 벽지를 박차고 나와 춤을 추듯 활짝 피어난다. 방문 위에 부부가 나란히 찍힌 사진이 액자에 갇혀 있다. 남편이 혼자 남겨진 그녀의 모습은 물끄러미 내려다보고 있는 듯하다.

'당신, 왜 그리 바쁘게 살아? 좀 더 놔버리지, 못 말리는 사람아!' 한심한 듯 그러나 정겨운 그의 음성이 부드럽게 귓가에 다가온다.

올 추석은 대체휴일까지 쉬게 되어 나흘 연휴로 오늘은 마지막 날이다. 눈이 사르르 감기나 잠이 든 것은 아니다. 오래 누적된 피로가 사르르 녹아내리는 기분, 평화롭고 행복한 느낌이라 할까! 흐뭇하고 담담함, 그리고 감사함이 가슴 가득 솟구치는 것은 하루하루를 몸 사리지 않고 최선을 다해 삶에 올인해 온 데서 비롯된 것이라고 스스로 믿고 싶었다.

연휴 둘째 날이 추석이었다. 벌초로 말끔해진 선산 끝자락, 남편 묘지에 노랗고 주황색 국화 조화(造花)를 양쪽 돌 화분에 새로 꽂았다. 평소에 꽃을 좋아해 모란시장이 열릴 때마다 꽃을 사 들고 들어오던 그의 모습이 눈에 선했다. 며느리들의 정성스레 준비한 다례 상을 차려 손자들까지 절을 바치고 조상님의 산소를 두루 살피고 돌아왔다. 다음 날은 미처 손대지 못했던 일거리를 정리할 시간을 번 셈이다. 일본어 동아리 시험문제 작성, 영어공부 노트정리, 11월 여행 항공권 구매. 또 정수기 재계약 접수 등, 잠시도 쉬지 않고 동동거리며 미뤘던 일감을 다 끝맺은 후련한 하루를 보낸 마지막 날 오후다. 얼마나 많은 일을 처리했는지 스스로 대견해 한다. 눈은 감은 채 '나 아직 잘 해내고 있지요? 칭찬 좀 해줘요~' 사진 속의 그를 향해 응석 부리듯 혼잣말을 건네 본다. 내가 일 욕심이 많은 때문일까? '아니야, 내 몸 불살라 후회 없는 삶이고 싶어서야!' 남들이야 비록 어리석은 짓이라 비웃을지 몰라도. 혼자 자문자답하듯 중얼거려 본다. 그러나 이내 고개를 저으며 '아니야! 그게 내가 타고난 모습인 걸….' 스스로 끄덕인다.

 덩그렇게 넓은 집안에 오롯이 사색에 잠길 수 있는 이 공간, 이 여유로운 시간. 적막한 광야다. 텅 빈 세계다. 이 허무를 씹는 허공이야말로 7전 8기의 혹독한 고비를 넘어 이제야 그녀에게 주어진 꽉 찬 시간이며 공간이 아닌가. 짧은 듯한 이 안락한 순간이 그래서 더욱 귀하고 소중하고 풍성하게 즐겨진다. 이 얼마나 뿌듯한가!

 하지만 생각은 곧 반전한다. 이 편안함을 즐겨도 되는 것일까? 사치가 아닐까? 아, 이 감미로움 속에 오래 머물지 못하는 나! 잠시 뒤 '이 아름답고 풍성한 계절에 글 한 편도 아직 못 쓰다니!' 자책감이 슬며시 고개를 들고 다그쳐 온다. 그렇다. 이런 자책, 이 자괴감이 내게 얼마나 소중한 것인지 모른다. 이런 다그침이야말로 바로 나를 자극하는 에너지로 충전되어 또다시 나를 일으켜 세우는 동력이 되어 온 것을.' 생각은 꼬리를 물고 파도로 일렁인다.

 몸은 비록 침대에 누웠지만 나는 창 너머 구름 한 점 없이 맑고 투명한 가을하늘에 끝없는 날갯짓으로 사색의 광장을 휘젓는다. 떠오르는 상념을 모아 씨줄 날줄 엮으면서 글감을 한 폭의 그림으로 짜내기에 머리는 또다시 태생적 분주함 속에 뛰어든다.

2015. 11.

자화상을 그리며

 흔히 '얼굴은 마음의 거울'이라 한다. 또 '40세가 넘으면 자기 얼굴에 책임을 지라'는 말도 있다. 이는 '얼굴'이 그 사람의 인품을 나타내는 자화상이 된다는 뜻일 게다. 나는 초등학교 때부터 그림은 아예 못 그렸기에 당시의 도화(圖畵) 평가 기준인 갑, 을, 병(甲, 乙, 丙) 중 어쩌다 '을'을 받으면 뛸 듯이 기뻤을 정도다. 그래선지 나는 내 얼굴을 그려본 적이 없을뿐더러 유심히 들여다본 적도 없다. 일찍부터 교직에 전념해 아침이면 지각을 안 하려고 동동거리며 거울 앞에 서서 이것저것 대충 찍어 바르곤 대문을 나선다. 그러니 이제껏 내 얼굴에 불만을 느낄 틈도 없었거니와 화장품 바르는 순서도 제대로 몰라 애들에게 웃음거리를 주기도 했다.

 어느 날, 무심히 거울에 비친 내 얼굴을 보다가 깜짝 놀랐다. 이마

에 굵은 연필로 줄이 그어져 있었기 때문이다. '어머!' 하고 휴지에 침을 살짝 묻혀 이마를 문질렀다. 한데 그건 지워지지 않는 깊은 주름이었다. 언제 이 깊은 주름이 생겼는지, 주름과 연필 자국도 구별 못하게 눈이 나빠졌는지? 어이가 없어 한심한 웃음을 삼킨 일이 있다.

 자화상이란 반드시 얼굴만을 그린 것이 아니라, 자신의 내면, 감정이나 성격 따위를 표출한 것도 해당되는 것이 아닐까. 그리 보면 모든 작가의 작품은 그 사람의 내면을 담아내고 있으니 바로 그의 자화상이라고 할 것이다. 언제였던가. 내게 '작은 거인'이란 말을 해 준 사람이 있다. 과분한 칭찬이지만 어쩐지 내 마음에 드는 고무적인 표현이라 타인이 본 나의 '자화상'으로 받아들였다. 키가 작은 나는 어려서부터 키 크는 일이면 뭐든 시도했다. 맨발로 말뚝을 밟고, 철봉에도 많이 매달려 보았지만, 고작 1미터 50센티 아래서 맴돌 뿐이었다. 하지만, 높은 곳은 의자에 올라서면 닿을 수 있어서 뭐든 해낼 수 있다는 정신으로 살아온 것 같다.

 종전 후, 약 30년 만에 중학교 때 짝이었던 일본인 친구를 만나게 된 적이 있다. 맏이인 딸아이 혼인을 마친 50세가 된 해에 마침 교육회에서 처음 시도한 해외연수 명목의 동남아 여행을 하게 된 때다. 호텔 로비에서 반가웠던 재회의 첫마디가 '어머, 너 언제 키가 컸어?' 하고 놀라워하질 않는가. 그 말을 들으면서 나는 그간의 노력이 완전히 헛수고만은 아니었구나 싶었다. 소크라테스가 '네 자신을 알라'고 말한 것처럼 자신을 안다는 것은 인간에게 가장 어려운 일이다. 자신의 참모습을 알려면 남에게 비친 내 모습에서도 찾아야 하지 않을까.

 짧은 삶을 자살로 마감한 천재적인 화가, 빈센트 고흐는 그가 남긴 그림 1,500여 점 중 자화상만 50여 점이 된다는 것으로도 유명하다. 모델을 구할 돈이 없어 자신의 얼굴을 그리며 자신의 고독과 절망을 나타내는 거친 화풍이 19세기 인상주의 흐름에 큰 영향을 끼쳤다고 전해온다. 고갱과 다툰 후, 귀를 자를 만큼 괴팍한 성격 탓에 내면의 고뇌를 노란색으로 나타낸 것이라고 했다.

 이처럼 작품은 바로 작가의 자화상이라고 하니, 내 졸작 속에 나의 생각과 삶의 철학뿐 아니라 생김새까지 고스란히 드러날 것이니 글쓰기가 더욱 조심스러워진다. 내 얼굴의 특징을 굳이 든다면 대물임인 당나귀 귀를 꼽지 않을 수 없다. 누군가의 '당나귀 귀가 상징하는 성품 중 한 가지는 더 먼 소리를 잘 들을 수 있다'는 말이 귀에 솔깃하다. 남보다 더 멀리 있는 소리까지 잘 듣고, 분별력 있게 생각하는 자세가 글쓰기에 도움이 되길 바란다면 지나친 욕심일까.

2011. 6. 17.

목숨 걸었던 어둠의 골목길

 도식계획으로 옛 정취 깃든 골목이 많이 사라졌다. 그러나 잊을 수 없는 그 골목은 늘 마음속에 아리지만 뚜렷하게 남아 있다. 어둠이 깔린 좁은 골목, 매서운 꽃샘바람이 몇 겹옷을 뚫고 살 속까지 파고든다. 외투를 꽉 여미며 책가방을 겨드랑이에 바짝 끼고 걷는다. 가로등 하나 없는 인적 드문 골목길. 하지만 그녀는 그 어둠 속에서도 쓸쓸하거나 무서운 느낌을 가져 본 적이 없다. 더구나 그날은 더 발걸음이 가볍고 가슴마저 뿌듯했다. 올망졸망 그녀에 딸린 식구들의 끼니와 학비가 될 수입이 들어온다는 기대에 부풀어 있던 날인 까닭이다.

 6.25전쟁 중, 피난 시절이라 일을 찾기가 어려웠다. 반반한 직장 얻기는 하늘의 별 따기만큼 힘들었다. 한데, 그녀에겐 낮에는 직장, 저녁에는 개인지도라는 두 가지 일을 할 수 있는 행운이 따랐으니 허리를

빳빳하게 세우고 다닐 만했다. 비록 달포 전, 진눈깨비 속에 어머니를 여의고, 아버지는 큰 슬픔을 안고 근무지인 전투부대로 복귀했으니 그녀는 이른바 소녀 가장이 된 셈이다. 영도(影島) 단칸방에 남겨진 여섯 동생들이 오직 맏이인 그녀만을 바라보는 딱한 처지였지만 책임감 때문인지 기죽어 있지는 않았다.

6학년 사내아이는 착하고 영리했다. 뭘 가르쳐도 이해가 빨라 성적도 날로 올라가 부모님도 좋아할뿐더러 아르바이트로 드나드는 그녀도 낯이 서는 것 같아 보람 있고 기뻤다. 그날도 두 시간의 공부를 마친 저녁 8시경, 소년의 어머니는 언제나 그랬듯 현관까지 나와 '수고 많았어요.' 깍듯한 인사와 함께 한 달 치 두툼한 과외비 봉투를 건네주며 배웅했다. 골목에서 조금 후미진 그 집 대문을 나선 그녀는 시장기도 잊은 채 콧노래라도 부르고 싶은 기분을 가라앉히며 소중한 책가방을 꼭 끼고 골목길로 꺾어 들었다. 몇 발자국 걸어 나간 찰나였다. 웬 검은 그림자가 갑자기 휙 덮쳐 왔다. 순간 그녀는 떠밀려 골목 바닥에 나뒹굴었다. 엎어지면서 필사적으로 소리소리 쳤다.

"아앗! 사람 살려~ 이것 봐! 거기 서. 거기 서. 내 가방, 가방 내놔~"
목이 터지라 울부짖는 외침은 어둠 속에 바람처럼 허공에 흩어졌고 가방을 가로챈 날치기는 쏜살같이 사라졌다. 아무리 소리쳐도 외딴 골목엔 사람커녕 강아지 한 마리도 짖지 않았고 모든 것이 어둠에 묻혀 버렸다. 밤하늘의 어스름한 달빛도 별빛도 무심할 뿐.

눈앞이 아찔하고 앞이 캄캄했다. '어떻게 해야 하지?' 월말이라 사무실에서의 봉급과 아르바이트에서 받은 과외비까지 합치니 그녀에겐 큰돈이 아닐 수 없다. 그건 그 집 일곱 식구 한 달간의 절대적인 생활비인데. 그걸 몽땅 털렸으니! 뿐만 아니었다. 가방에는 모처럼 큰맘 먹고 마련한 새 콘사이스도 있었다. 하지만 '아, 열쇠!' 사무실 열쇠 꾸러미가 그 안에 있었던 것이다. '아이쿠! 당장 내일 아침에 캐비닛을 열고 급히 결재받을 서류를 꺼내야 할 텐데… 어쩌나!' 난감했다. 윗분 얼굴이 떠오르고 숨이 막혀왔다. 그냥 그곳에서 죽어버리고 싶었다. 아무 생각도 나지 않았다. 어둡고 추운 골목길 흙바닥에 주저앉은 채 덜덜 떨며 일어서질 못했다.

"하나님! 저를 살려주세요. 어떻게 해야 해요. 하나님! 죄송합니다. 하나님, 평소 믿지도 않으면서 급할 때만 찾는 하나님, 저 용서해 주세요. 그리고 도와주세요!"

제정신이 아니었다. 누구에게 한 마디 하소연할 곳도 없었다. 그냥 주저앉은 채, 기도 아닌 기도로 울부짖었다.

문득 '호랑이에 물려가도 제정신만 차리면 산다.' 귀에 익어온 말이 생각났다. 그제야 다치지 않은 것만도 불행 중 다행이라 마음먹기로 했다. 불빛 하나 없는 어둡고 추운 골목길에서 찢어질 듯 아픈 가슴을 움켜쥐고 일어서야만 했다. 그것은 그녀에게 닥친 최초의 엄청난 시련이었다. 평소 웬만한 어려움에도 내색하지 않고 털털하고 낙천적이며 겁 없는 그녀에게는 크나큰 경고의 메시지요, 그런 평상심에 큰 경각이 되었을 뿐 아니라 역경을 딛고 나갈 시금석으로 그녀의 마음을 영글게 한 것 같았다.

인생길은 수많은 길목과 골목들이 놓여 있다. 어느 길, 어느 골목을 택해나가야 할지? 선택의 연속이기도 하다. 하지만 사람마다 제 몫의 길이 따로 있는 것이 아닐까. 그녀에겐 애당초 평화롭고 향수(鄕愁) 어린 골목은 없었던 것 같았고 넓고 평탄하게 트인 신작로도 보이지 않았다. 험하고 걷기 버거운 골목들이 잇달아 놓여 있었다고 여겨졌다. 하기야 인생길이 어찌 평탄한 꽃길로만 이어질 수가 있을까만. 때론 자갈밭 비탈진 골목길, 가시덤불을 헤쳐야 갈 수 있는 고난의 언덕길, 때로 갈림길에 놓여 방향 잃어 헤매기도 했으리라. 하나, 그런 고난과 역경이 어디 세상에서 그녀만의 불운이라 하겠는가. 그 방황과 혼동의 세월을 때론 바람에 의지하고, 때론 햇살에 이끌려 삶의 터전을 닦아 갔으리라. 혹여, 외나무다리를 건너듯 세월을 더듬어 오던 그녀가 자칫 한눈이라도 판다면 그에게 딸린 모두는 한꺼번에 깊은 구렁텅이에 빠져 생사를 가늠할 수 없을 것인데.

길을 잃은 것도 아니다. 길 없는 길, 벼랑 끝에 내던져져 어찌 어찌 목숨 걸고 찾아둔 내 삶의 길 어둠 속의 좁고 험난한 골목골목으로 가로막혀 되돌아가야 했던 외롭고 힘겹던 그녀의 삶. 그러나 탄탄대로에서보다 후미진 골목을 지나면서 생각은 더 깊어지고 속사람이 성숙해진 것은 아닐는지. 아스라이 멀어져간 그 공포의 골목길도 지금은 그녀의 슬픔 배인 정겨운 추억이 되었을까. 아직도 거쳐야 할 좁은 골목길이 남아 있는 것일까. 2014. 9.

한 마리 사슴 되어

책장 위의 사슴이 나를 내려다본다. 망중한, 멍하니 의자에 앉아 하늘을 바라보던 나의 눈과 마주친다. 몇 해 전, 고교 동창 모임으로 일본에 갔을 때 초등학교부터 고등학교까지 한 동네에서 다닌 절친 아츠코가 선물한 나라(奈良)의 사슴 목각이다. 그와 눈이 마주칠 때면 문득문득 떠오르는 오래전에 겪었던 신비롭고 신선한 충격적 광경이 다시금 가슴을 뛰게 한다.

갑자기 눈앞이 번쩍했다. 차가 끼익 소리를 내고 급브레이크로 멈춰 서는 순간, 헤드라이트가 환하게 앞을 밝혔다. 무슨 일이 일어난 거지? 운전대를 잡고 있던 아들이 뒷좌석 우리에게 소리쳤다.
"엄마 지깃 좀 보세요!"
"어머! 사슴 아니야, 새끼 사슴? 아니, 여기서 사슴과 마주치다니!

이 새벽 산길에서."

　살아 있는 사슴이었다. 그건 텔레비전이나 동물원에서 봐오던 사슴과는 다른 몸짓과 분위기로 넓은 자동차 길 한가운데에 버티고 서 있다. 토실한 몸매에 깔끔하게 보이는, 새끼치곤 제법 큰 사슴 한 마리가 맑고 큰 눈망울로 차 안의 우리를 뚫어지게 바라보고 있질 않는가. 마치 신선이 내려와 서 있는 것 같은 신비로운 느낌마저 들었다. 기적 같기도 행운의 전조 같기도 해 가슴이 두근거렸다. 사슴까지 만나게 된 것은 분명 우리 아들 졸업을 축하하는 메시지인 거야, 입 속으로 중얼거리는 내 모습을 아들은 비시시 웃음으로 동의하는 듯했다.

　바로 전날, 아들은 7년간의 어려운 유학생활을 마쳤다. 그 학위 수여식에 참가 차 미국에 온 부모를 위해 이튿날 아들 내외가 계획한 관광 길이었다. 보스턴에서 꽤 떨어진 이름난 어느 국립공원을 향해 새벽길을 달려가던 중이었다. 그 길에서 길조라고 하는 사슴을 만난 것이 우연일까. '아들의 장래를 축복해 주려는 것이 틀림없어' 하고 아전인수 격으로 해석 했다. 그도 그럴 것이 아르바이트로 힘겹게 공부하면서 한 번은 심장수술을, 또다시 폐 수술까지 받으면서 이겨낸 박사과정이다. 노력만으로 이뤄낼 수는 없는 것이라 생각하니, 얼마나 운이 좋고 복 받은 사람이라 할까. 어떤 큰 상을 받은 것보다도 흐뭇하고 감사함에 가슴 벅차 오르던 순간을 잊을 수가 없다.

국립공원 방갈로에 머물며 넓은 호숫가 서편으로 넘어가는 붉은 너울은 한 폭의 풍경화였다. 그 환상적 경관을 즐기며 함께 배를 탔던 어린 손자가 올해로 서른 살이 넘었으니 30여 년이 지난 셈이다. 그동안 남편을 하늘나라로 보내고 혼자 동그마니 남아서 집을 지킨다. 넓은 거실 책장 위에 놓인 사슴 한 마리가 나의 일거수일투족을 지켜보면서 날 보호하고 있는 듯하다. 그러다 보면 때론 공연히 우수에 잠기고 그리움을 좇듯 지나온 한 평생의 애환이 그림자처럼 서서히 밀려와 어느새 나는 자갈길을 홀로 터벅터벅 걸어가는 한 마리 사슴이 된다.

  시인 노천명은 사슴을 '모가지가 길어서 슬픈 짐승이여'라고 노래했다. 하지만 긴 목, 우아한 몸매에 늘씬하게 뻗은 두 다리, 크고 맑아 구슬 같은 눈망울은 인간에게 순결함, 정겨움, 아름다움, 평화로움, 심지어 귀족 같은 고고함마저 느끼게 하지 않는가. 뿐이랴. 뿔은 녹용으로, 가죽은 지갑, 가방, 허리띠 등 일상용품으로, 몸은 식용으로, 마지막 길에서조차 모든 것을 인간에게 유용하게 바치는 충성스러운 그들. 애틋하고 숭고하여 경건함을 자아내기도 한다. 그래선지 수명이 20~30년밖에 못 산다는 사슴을 우리 민화 속 장수(長壽)를 상징하는 십장생(十長生)의 하나로 꼽았으며 또 복을 갖다 주는 동물로 전해오니 아름답고 멋진 짐승이 아니겠냐! 평범한 노년을 맞아 평온하게 안주하는 나에게는 부럽고 넘치는 상대인 게 분명하다. 그래서 나는 사슴이 되고 싶은 걸까.

2018년 가을, 아츠코는 불청객 태풍 '제비'가 휩쓸고 간 며칠 뒤 이어 몰아친 엄청난 태풍 '콩레이'의 사이에 일본 '아스카 크루즈' 여행을 주선해서 나를 당황케 했다. 굳이 크루즈여행을 택한 것은 관절염으로 보행이 어려운 나를 배려한 때문이었다. 아츠코는 그런 친구이다. 기념품으로 건네준 목각 사슴에도 그녀의 속 깊은 우정이 담겨 있었다. 제대로 철들지 못했던 23세의 소녀 가장이 집도 의지도 없이 맨손으로 많은 동생들과 살아내야 했던 가혹한 나의 옛날도 그녀는 알고 있다. 6.25전쟁의 잿더미에서 어머님의 타계에도 가슴 시원이 한 번 울어보지 못한 못난이 나인 것을. 이제 모든 것은 지나갔다. 단지, 혼자 고요히 미래의 시간을 받아들이며 모두를 감싸고 축복하는 존재이고 싶다. 마치 책장 위의 사슴처럼.

  그냥 침묵으로 일관하며 소리 없이 텅 빈 집안을 지켜주는 수비수. 나의 유일한 말없는 말동무, 서로 눈빛만으로 가슴 뭉클해지며 위로와 격려로 힘이 되는 멋지고 귀한 벗, 사슴아! 몸짓으로 기품과 순수를 보이며, 삶의 끝에는 모든 것을 기꺼이 내놓는 갸륵한 너. 나 또한 한 마리 사슴 되어 다가 올 세상의 자유와 평화를 지켜볼 수 있기를.

2020. 5.

콩나물여사의 미소

'Ever Green'은 분당 어느 동(洞) 주민센터 영어회화반의 애칭이다. 이 애칭을 붙인 K여사는 이 반에서 회화를 배운다. 요즘 그녀의 일상에서 가장 큰 고역은 계단 오르내리기임에도 불구하고 굳이 이 반을 고집하며 다닌다. 몇 해 전만 해도 영어회화반 교실이 2층이었는데, 얼마 전부터 한층 더 높은 곳에 교실을 지정해 놓아 고생이 말이 아니다. 아니, 이웃 정보센터나 복지관에는 엘리베이터로 편히 올라갈 수가 있는데, 왜 하필 이곳에서 생고생을 하는지. 거기에는 그럴 수밖에 없는 충분한 사연이 있기는 하다.

어느 해였던가, 미국 유학을 마친 그 여사의 아들이 다섯 살 된 손자를 데리고 돌아왔다. 마침 현직에서 퇴임 후라 한가해진 그녀는 귀여운 손자의 놀이 상대가 되어주곤 했다. 어느 저녁.

"할머니 우리 퍼즐해요."
"그러자."
하고 시작한 것이 얼마나 조각이 많고 복잡한지 밤늦게까지 끝나질 않는다. 별것도 아니게 보이는 것이
"무척 복잡하고 까다롭고 힘이 드는구나!"
하고 허리를 피려는 순간, 그 꼬마가 어찌 알아차렸는지 할미인 그녀를 쳐다보고 장난기 섞인 목소리로 외쳤다.
"돈 기브 압, 돈 기브 압!"
그냥 눈치로 "오냐! 알았어, 끝까지 하라는 거지" 하며 웃어넘겼다. 대학은 나온 터라 몇 단어야 알지만, 사실 영어를 제대로 못 배운 세대다. 이제라도 꼬마들까지 쉽게 쓰는 영어를 조금은 배워야겠다는 절실한 욕구가 솟았다.

그 후 분당으로 이사온 그녀는 영어교실을 여기저기 기웃거렸다. '자주 읽고 말을 자꾸 해야 한다면서도 시간 내내 입 한 번 벌리는 기회 없이 끝내는 강사님' '영어 발음을 한글로 적도록 해서 읽게 하는 강사님'들을 거치면서 답답했다. 평소 거리에서 영어문자만 보여도 왠지 겁이 나 얼른 고개를 돌려 버리는 자신이 한심하고 창피하기도 했다.

얼마 후, 우연히 'ㅇㅇ3동 주민 센터 영어 선생님이 잘 가르치신대' 하는 입소문을 타고 함께 공부하던 엄마들이 우르르 몰려가게 된 곳이 바로 여기다. 평생교육의 장으로 마련된 주민 센터 문화교실인 이곳은

당국의 실무적인 배려와 선생님의 열의 넘치는 지도에 마음이 끌렸다. 하나, 영어공부가 어디 그런 외적 조건으로 숙달될 수 있는 것은 전혀 아니질 않는가. 게다가 젊은이들처럼 집중적으로 파고들며 공부하기란 매우 힘든 나이들이다. 그냥 책보 들고 왔다 갔다 하기에도 비바람 불고 눈 뿌리는 날은 어렵지만, 그녀는 '콩나물시루에 물 붓기'를 떠올리며 느긋한 마음으로 꾸준히 다니기로 마음먹고 일주일의 한 번의 공부 시간은 빼 먹지 않으려고 늘 책가방을 챙겨 들고 어울려 다닌 것이다. 그러던 어느 날, 느닷없이 길거리의 영어문자가 눈에 들어왔다. 그리고 지하철 차 안의 영어방송에 귀가 쫑긋 기울어진다. 어머나! 이럴 수가! 여사는 자신의 눈과 귀를 의심했다. 그뿐이 아니었다.

이듬해, 시애틀 여동생 집을 방문차, 미국에 갔다. 공항에서 입국수속을 하는데 미국인 직원이 말하는 영어가 귀에 쏙 들어왔다. 첫마디 말이 "What's the purpose?" 뒷말이 끝나기도 전에 자신도 모르게 얼른 대답을 했다. 무슨 목적으로 왔냐고 묻는 거다. 그다음엔 "where are you staying?" 어디에 묵느냐고 묻질 않는가, 그녀는 그다음 물음도 귀에 선뜻 들려와 겁 없이 대답을 했다. 나란히 서 있던 그녀의 남편이 깜짝 놀란 표정으로 "이 사람 어느새 영어가 그리 늘었지?" 신통한 듯 건네는 그의 감탄사보다는 스스로 뭔가 큰일을 해낸 듯한 기쁨에 가슴 벅차 올랐다.

배움 초반에 체험한 반짝하는 성취의 기쁨은 그리 계속 얻어지는 것은 아닌 것 같았다. 기초도 미약한 여사는 배워갈수록 더 어려움을 느낀다. 그럴 때마다 처음 맘먹은 대로 '콩나물시루'에서 자라는 콩을 생각하며 느긋하고 꾸준히 배워가려고 재삼 다짐하곤 한다. 일주일에 단 한 번의 수업이지만 지도교사인 Y선생은 한정된 시간에 학습의 최대화를 위해 트레이닝을 시키며 아울러 개별지도까지 겸하는데 능숙하다. 또 다양한 자료를 준비해 와서 흥미 있게 진행하니 학생들은 항상 즐겁고 행복한 시간을 보낸다. 이보다 좋은 선생님을 어디서 만날 수가 있겠는가. 바로 그런 연유로 그녀는 힘든 계단을 3층까지 올라 다니며 이곳을 떠날 수가 없는 것이다. 그러는 사이에 부득이한 신병으로 몇 달, 또 다음 해는 남편을 잃고 또 몇 달을 빠지기도 했으나 여전히 책꾸러미를 챙긴다.

몇 해를 같은 반에 다니며 배워도 별로 진척 없이 여사는 이젠 팔순도 훌쩍 넘었다. 그녀는 자신의 영어공부에 대해서 "Ever Green English Class는 내게 '콩나물시루'고 나는 바로 그 속에서 자라는 '콩'이랍니다."고 말한다. 시루에 붓는 물은 금세 다 흘러 내려가지만 콩은 어느새 콩나물로 자라고 있듯이 나의 영어 실력도 성장해 갈 테지요.'라고. 콩나물여사는 오늘도 아픈 무릎을 달래가며 한 칸, 또 한 칸 계단을 오르내리면서 혼자 미소 짓는다.

2014. 4.

황금 길 서정

밤새 유리창을 흔들던 비바람에 이리도 많은 낙엽이! 전철역으로 향하는 인도(人道)에는 노란 은행잎이 수북하게 쌓여 마치 노란 융단을 깔아놓은 듯 눈부시다. 게다가 군데군데 울긋불긋한 단풍잎도 끼어 노란 바탕에 붉은 꽃무늬를 수놓은 듯 아름답다.

아, 가을이 선물로 남기고 가는 낙엽들! 밟기가 아쉬워 걸음이 멈춰진다. 주저앉아 덥석 껴안고 싶은 심정이 솟는다. 아니야, 이건 낙엽길이 아니고 황홀한 '황금 카펫'이 아니던가. 그렇지, 엊그제는 우리의 박근혜 대통령이 영국 왕실의 황금마차를 탔다던데. 이 아침엔 내가 황금 길을 걷게 되다니! 결혼식 땐 빨간 카펫 위를 걸어 들어갔지만 뒤늦게 이린 멋진 행운을 맞으려니 꿈엔들 생각했을까! 황금은 세상에서 가장 귀한 최고의 가치를 표방하니 만인이 부러워하는 그런 '황금'

길인 것이다. 황금마차를 탄 우리 대통령에게는 한 나라를 대표하는 긴장감과 무거운 짐이 두 어깨를 누르고 있지 않았을까. 또 그 황금마차를 타기까지 얼마나 험난한 세월을 헤쳐 왔을까. 착잡한 생각에 얽힌다. 그렇지, 나 또한 오늘에 이르는 인생길을 헤쳐 오기란 피눈물 없는 평탄한 것이 아니었음을 돌아보게 된다. 그러나 지금 황금 길을 걷는 나는 자연이 준 귀하고 자유롭고 평화로우며 화사한 길이니 얼마나 행복한 일이랴.

분당에 이사 온 지도 십여 해가 되지만 이토록 풍성하고 낭만적인 낙엽의 황금 길을 만난 것은 오늘이 처음인 듯싶다. 이런 길조가 또 있을까! 허나, 이 화사한 황금 길을 만든 은행잎들조차 온갖 악조건 속에서 가지에 매달려 몸부림치듯 계절을 버티어 온 것일 테니, 세상에 어느 것 하나 쉽게 이뤄진 것은 결코 없는 것이리라. 언뜻 위를 바라보니 앙상해진 나뭇가지 사이로 언제 비를 내렸던가 싶도록 유난히 푸른 하늘이 드높다. 아직도 촉촉한 길바닥에 겹겹이 쌓인 젖은 낙엽 더미 위에 방금 살짝 내려앉은 가녀린 은행잎이 눈에 띈다. 세찬 비바람 속에서도 제 모습을 잃지 않고 사뿐히 내려앉은 노란 잎이 귀엽고 앙증맞다. 한 잎, 두 잎, 세 잎, 세면서 말쑥하고 깔끔한 것에 손길이 간다. 사람들은 무엇에든 기왕이면 반듯하고 정갈하며 아름다운 것을 선호하려는 것이 인지상정(人之常情)이라 아니하겠나.

허리를 굽혀 집어 든 잎의 물기와 흙먼지를 손바닥으로 살살 문질러 모은다. 간혹 끼어 뒹구는 벚꽃나무의 붉은 단풍잎도 하나, 둘 골라 줍고 있는데 반대쪽으로 지나치던 중년 여인네가 미소 지으며 말을 건네 왔다.

"아이구, 예쁜 걸 주우셨군요. 그건 주워 무엇 하시려고요?"

"네에… 그냥 예뻐서요."

하고 나도 웃음으로 응답한다.

"소녀 같으시네요!"

"감사합니다."

건성으로 인사를 하는데 공연이 눈망울이 흐려온다. 속으로 '이 황금 길을 못 보고 저세상으로 가버린 남편 사진 앞에 담아서 보여주려고요. 그 양반은 무척 꽃과 나무를 좋아했거든요.' 혼잣말로 되뇌는데 실없이 눈물이 주르르 흘러내린다. 그리고는 어렴풋한 어린 시절, 우물가에서 줍던 은행잎 사연으로 이어진다.

서울 매동, 그 우물가에는 커다란 은행나무 한 쌍이 그늘을 드리우고 있었던 것 같다. 어머니가 학교로 출근한 빈집을 홀로 쓸쓸히 메워야 했던 너덧 살 무렵이다. 우물가에 모여앉아 빨래하는 동네 엄마들 뒤에 쪼그리고 앉아서 흘러가는 물 위에 나비처럼 팔랑팔랑 떨어져 내리는 황금색 은행잎을 작은 손으로 건져 올리며 놀던 기억이 아련하다. 바로 그때부터 은행잎은 나의 마스코트가 되었지 싶다. 어린 마음에 나비처럼 예쁜 은행잎은 그 아이의 서러움이고, 엄마 그리움이며, 외로움의 위안, 그리고 절절한 기대와 기도였던 것 같다. 그런 연유에서일까, 수십 년이 지난 어느 해, 은행잎은 내 손으로 개교한 서울 어느 고등학교 '남녀 학생들 개개인의 성숙과 학교의 발전을 상징하는 교표'가 되었고 지금도 아이들 가슴에 빛나고 있다.

이처럼 우아하고 멋진 은행잎은 아름답기만 한 것이 아니다. 공기정화 능력이 뛰어나고 해충에 시달리는 법이 없으며 징코민이라는 혈액순환제의 원료가 되기도 한다. 이렇게 여러모로 유익한 은행나무는 공룡이 살던 시절부터 있었다고 하여 '살아 있는 화석'이라고 불리기도 한다. 그 자태가 수려하고 연두색 맑은 잎이 가을이면 황금나무처럼 단풍이 눈부시게 돋보이는 까닭에 예부터 도심 속의 가로수로 즐겨 심어 왔다고 한다. 하여, 신도시인 이곳에도 즐비하게 뻗어 사람과 더불어 숨 쉬고 있다. 비단 도심만이 아니라 사찰이나 유적 주변에도 오랜 역사의 증인인 양, 아름드리 노구로 버티고 있다. 만추의 끝자락, 선들 스쳐 가는 초 겨울바람에 오 헨리의 『마지막 잎새』를 떠올리게 하는 늦깎이 단풍잎 하나가 춤을 추듯 날리며 인도에 내려앉는다.

만발할 때는 주변이 환하게 밝혀 환상적 분위기를 연출하고 노랗게 물든 잎이 휘날릴 때면 눈이 부시다. 가을을 힘껏 장식하고 장렬하게 황금 날개를 접고 아리따운 황금 길을 선사하며 사라져 가는 은행잎,

앙상하게 드러난 나뭇가지만이 말없이 나목으로 침묵하는 모습 또한 대견하고 사랑스럽다. 융단을 밟는 내 행운의 설렘 뒤에 어쩐지 휑 뚫린 듯, 시리고 아린 느낌을 떨칠 수 없음은 이 길을 그와 함께하지 못하는 까닭이 아닐까.

2014. 6.

겨울 이야기

 잠이 깬 실눈으로 창밖을 본다. 하얀 지붕과 산 그리고 대지가 한눈에 들어온다.
 아, 춘설(春雪)이다! 무척이나 기다렸던 눈을 보며 가슴이 시원해진다. 겨울의 상징인 눈을 못 보고 자연의 풍성한 아름다움을 못 누린다면 우리네 각박한 삶은 어디에서 위안을 받으랴. 크리스마스가 지나도 내릴 기미가 안 보였는데 새해 대한(大寒) 추위를 앞두고 하룻밤 사이에 세상을 하얗게 덮어버렸으니. 마치 온 나라에 뒤끓는 정치자금의 지저분하고 혼탁한 오물들을 일시에 쓸어버린 듯, 세상이 말끔히 정갈해진 것 같다.

 만주에서 유년기를 지낸 내게 겨울의 추억은 각별하다. 10월에서 다음 해 4월 초까지 눈에 쌓여 흙을 밟지 못하고 지나던 긴 겨울의 갖가지 광경이 아롱거린다. 빠작빠작 밟고 걷던 눈길인 등하굣길. 쌓인 눈을 울타리 삼은 운동장에서 스키와 스케이트에 푹 빠졌던 일, 반들거리는 빙판 위를 심부름 보따리를 싣고 썰매로 달리던 정겨운 추억들. 성장하면서 10여 년 세월을 보낸 탓인지 겨울은 끝없이 하얀 설원(雪原)을 배경으로 내 마음의 고향처럼 포근함을 안겨준다. 만물이 숨죽이고 침묵하는 겨울. 대화를 거부하듯 단호하게 얼어붙은 이 결빙(結氷)의 계절 속에 부드럽고 청순하고 온화한 눈이 있기에 나는 이 계절을 더 사랑하게 된 것 같다.

눈은 겨울 동안 우리에게 꿈과 희망과 아름다움을 품게 한다. 뿐만 아니라 높은 곳에는 높은 그대로, 낮은 곳은 낮은 데로 쌓여 투명하고 순수함을 과시한다. 자칫 높은 것은 깎아내려 낮게 함이 공평과 평등이라는 일부의 착각을 일깨워주듯 자연은 말없이 순리를 밝힌다. 길가에 뭉뚝 잘려 상처 입은 가로수, 멀리 산기슭에 앙상히 얼어붙은 나목(裸木)의 가지마다 살포시 내려앉아 하얀 옷을 입힌다. 상처와 벗은 몸을 속속들이 감싸 안으며 따뜻이 여며주는 눈발들. 활짝 피어오른 현란한 눈꽃은 어느 계절의 무슨 꽃과 비교할 수가 있으랴! 겨울이 아니면 결코 볼 수 없는 이 화사한 멋과 아름다운 운치에 누가 매료되지 않겠는가. 그러기에 눈발 흩날리는 날이면 왠지 가슴에 잔잔한 희열이 차오르며 뭔가 설레는 기대가 일렁인다. 아마도 눈은 겨울이 베푸는 미덕이요, 선물인 것 같다.

50년 전, 그해 겨울은 유난히 눈이 많았던 것 같았다. 12월의 어느 날 이른 시각, 화이트 크리스마스답게 풍성히 쌓인 눈길을 헤치며 나는 주섬주섬 챙겨 든 작은 가방을 들고 예식장으로 향했다. 그날은 나의 결혼식이었기 때문이다. 눈에 덮인 큰길은 온통 은빛으로 얼어붙은 빙판이었다. 예식이 진행되는 시각쯤일까, 꽁꽁 얼어붙었던 날씨가 거짓말처럼 확 풀려 하객들의 겉옷을 벗어들게 했다. 내가 입은 하얀 한복 치맛자락을 붙들고 "언니! 언니~" 하며 울던 막내 동생을 달래며 떠나야 하는 쓰린 나의 가슴을 어루만져 주듯, 하얀 눈과 맑은 햇살은 내게 넌지시 축하의 미소를 보내는 것 같았다. 이듬해 크리스마스 전날, 나는 하얀 눈이 소복이 쌓인 아침에 새 생명을 얻었다. 딸아이였다. 하지만, 겨울이 남긴 지워지지 않는 아픈 흔적도 빼놓을 수 없다.

십 년 세월을 홀로 지내시던 친정아버님이 연말부터 기침(해소병)으로 통원치료 중이셨다. 혹한이 맹위를 떨치던 정초 어느 날, '장인어른 건강이 걱정되니 꼭 가 뵈어야지' 하며 지방 출장을 떠난 남편의 당부도 있고 나도 궁금하여 친정에 들렀다. 추운 날씨로 기침이 더하신 것 같아 단골 의사의 왕진을 청했다. "별로 걱정하지 않아도 됩니다."는 의사의 진단과 처치에 마음을 놓고 돌아왔다. 다음 날 정월 7일은 직장 동료 여교사들과 교장 댁에 세배 가기로 한 날이었다. 밤새 내린 눈으로 세상이 하얗게 덮여 있는 날. 서둘러 집을 나서니 골목길은 물론 신작로까지 눈이 쌓여 전차(電車)가 거북이걸음으로 겨우 왕십리역을 빠져 나왔다. 광화문에서 일행과 어울려 신문로(新門路)인 교장 댁을 찾았다. 권유에 못 이겨 떡국 점심을 대접받고 나오다가 우리는 찻집에서 담소를 나누고 헤어졌다. 어느새 3시가 좀 넘은 무렵, 집에 들어선 나를 기다리고 있던 것은 어이없고 기가 막힌 비보(悲報)였다.

오전 10시경, 아버님은 화장실에서 나오다 쓰러지신 채, 영영 깨어나지 못하고 만 거였다. 동생들도 막내만 남기고 모두 외출한 뒤였단다. 어린 막내가 그 엄청난 일을 혼자 당한 것이다. 집집마다 전화가 없던 시절이니 어찌 어찌하여 겨우 연락이 닿은 둘째 사위가 달려와 뒷일을 수습한 상태였다. 한낮까지만 해도 매섭던 추위가 오후 햇살에 밀려났는지 응달의 얼음까지 확 풀리며 누그러져 있었다. 아버님의 갑작스런 타계는 너무 뜻밖이어서 허망하고 안타깝고 황망했다. 하지만 오랫동안 못 잊어 애틋하게 그리시던 어머님과의 만남을 하늘은 기뻐하시는 걸까? 이토록 갑자기 날씨가 따사로워지다니! 상가(喪家)를 찾은 친척, 친지 등 조문객들은 한결같이 입을 모았다. '이 모두가 선한 고인(故人)의 덕을 보여주시는 거지요.'라고.

아버님은 정말 법 없이 사실 선하고 정 많은 분이셨다. 그래서 남이 괴로워하면 앞뒤 생각 않고 내 호주머니를 다 털어 베푸셨으니 우리 집 형편이 더 어렵기도 했다. 이제 외롭고 쓸쓸하던 세월 훌훌 털고 이승을 떠나 어머님이 계신 근심 걱정 없는 저승에서 함께 편히 잠드시리라 기원하니 안도의 한숨이 쉬어진다. 눈발이 흩 날릴 때면 어김없이 떠오르는 아버님의 뒷모습이 가슴을 시리게 한다. 처지신 두 어깨에 외로움을 삭히고 골목길로 사라져 가시던 아버님의 쓸쓸한 뒷모습이 내 눈앞을 가린다. 더욱 세월이 갈수록 아버님의 체취가 눈발에 묻혀서 더욱 사무쳐 온다.

혹독한 칼바람의 겨울은 부드러운 눈을 내려 우리의 삶 속에 냉기를 감싸준다. 뒤따라 올 새봄을 맞이할 신비한 저력 또한 매섭게 얼어붙은 나목의 겨울옷을 벗기며 충전시켜 여린 새싹들을 움트게 하는가 보다.

2004. 1. 29.

쥐띠의 해, 우리의 순발력과 지혜로!

'마지막 잎새'처럼 벽면에 달랑 매달린 한 장의 달력! 제 몫을 다해가는 것이 안타까운지 몇 칸만이 끝까지 쓰임 받고자 시선을 끈다. '그래, 마무리를 잘하자. 돼지해여 안녕! 새해는 무슨 띠일까?' 혼자 중얼거리며 '자(子), 축(丑), 인(寅), 묘(卯) 등 12지(支)간의 동물 이름을 따져 보려니 12지의 끝인 해(亥)가 돼지해였으니. 다음은 처음으로 되돌아가 다시 맨 첫 번인 자(子), 즉 쥐띠 해가 된다. 새해 2020년은 쥐띠의 해, 경자년(更子年)이 밝아온다.

동물의 왕이라고 불리는 호랑이도 있는 데 왜 하필 보잘것없는 쥐가 맨 앞이 되었지? 도통 이해가 안 되던 초등학교 1학년 시절의 나는 그 이유가 무척 궁금했다. 그러던 어느 날 어머니가 사주신 커다란 만화책 속에 담긴 재미있는 내용이 나의 궁금증을 풀어주는 계기가 되었다.

옛날, 하늘의 황제께서 동물들에게 지위를 주고자 고민을 했단다. 그리하여 동물들에게 그 선발기준을 발표하게 되었다. 즉 '정월 초하루 제일 먼저 천상의 문에 도착한 동물부터 그 지위를 주겠노라'고. 이 소식을 들은 짐승들은 저마다 빨리 도착하기를 원하며 각가지 훈련을 시작했다. 토끼, 말, 염소, 개, 원숭이 닭, 소 등등 자신의 특기를 바탕으로 먼 천상으로 빨리 달려갈 수 있도록 온갖 재주를 갈고닦으며 열심히 노력했다. 여러 짐승들의 이런 행동들을 지켜보던 쥐는 자신의 작고 미약한 힘으로는 도저히 많은 짐승들을 제치고 먼저 도달하기는 불가능하다는 것을 알았다. 쥐는 작은 머리를 짜며 묘법 찾기에 골몰한 끝에 무릎을 탁 쳤다. 가장 성실하고 듬직한 소의 힘을 빌려야겠다고 작정한 것이다. 그래서 소의 넓은 등에 죽은 듯이 납작 엎드려 있었다.

정월 초하루가 되자 동물들이 앞다투어 천상을 향해 달려나갔다. 예상대로 가장 우직하고 한눈팔지 않는 소가 제일 먼저 도착하려는 그 순간, 소 등에 엎드려 붙어 있던 쥐가 팔딱 앞으로 뛰어내리면서 일등으로 문 앞에 당도했다. 소는 억울하게도 2등이 되고 말았다. 이리하여 황제는 약속대로 도착순에 따라 지위를 정했다. 십이지(十二支)의 첫머리에 쥐를, 소를 두 번째 자리를 주었다. 그것이 지금의 십이지간(干) 짐승의 순위라는 이야기였다.

어린 내 머릿속에 그 만화의 이야기는 내 평생 잊을 수 없는 하나의 '지혜 샘'으로 기억되고 있다. 작고 힘이 없으면 머리를 쓰자! 쥐가 자신의 부족함을 인정하고 대처하는 방법을 강구한 것이다. 물론 약삭빠르고 남을 함부로 이용하는 일은 바람직하지 않다. 하지만, 나름대로 어떤 상황에 맞닥뜨리면 이를 지혜롭게 극복해갈 수 있는 대처법을 마련하는 일은 우리네 인생살이에서도 슬기로운 힘이 될 것이다. 십이지간에 관한 이야기는 이밖에도 여러 설이 있지만, 이 개념은 중국의 은나라에서 시작되어 한나라 중기에는 방위나 시간에 대응하는 의미로 사용되기 시작한 것이 오늘에 이르러 우리 사회에서도 생활 속에 여러 모로 쓰이고 있다.

어느 해였던가. 동계올림픽에서 우리의 스피드 스케이팅 선수가 속도대결의 마지막 결승선에 이르자 갑자기 한 발을 쭉 뻗어 밀어내어 옆의 선수보다 먼저 선을 터치했다. 아슬아슬한 순간에 간발의 차이로 우승을 거머쥔 장면을 본 일이 있다. 비디오 촬영으로도 완벽했다. 순간 나는 소의 등에서 잽싸게 뛰어내린 십이지의 쥐가 떠올랐었다. 맞아, 그렇다. 순발력, 지혜 바로 그것이 아닐까!

2020년, 다가오는 새해, 쥐띠 해 새날! 새아침을 맞으며 마음부터 가다듬자. 어수선한 혼돈의 늪에 짙게 드리워진 미세먼지 같은 안개를 걷어내고 힘을 모으자. 모두가 화합하여 쥐의 영리하고 경쾌한 지혜와 순발력과 근면함을 거울삼아 답답한 이 사회를 반전시키는 기회로 삼자. 겸허하게 우리의 염원이 이뤄지는 대망의 무지갯빛 새해가 되기를 기원한다.

2019. 12. 30.

2부

그래도 살아 있기에

이제 내 남편의 2주기 상(喪)을 치르고 정신을 차리니, 짝 잃은 부부의 인연이 얼마나 아프고 견뎌내기 힘든 처절한 고통인가를 몸소 겪은 것이다. 아버지가 혼자되신 후, 묵묵히 버티어내신 세월이 얼마나 감당키 어려운 아픔이었을까 함이 뼈에 사무치게 와닿았다.

그 별은 지금 어디에
- 6.25전쟁 70주년을 맞아 -

군번조차 없이 사라진 어린학도병 동생, 김학량. 그는 16세에 나라 위해 싸우다 쓰러져 간 슬픈 영혼으로 내 가슴에 묻혀 있다. 6.25전쟁 참전용사지만 누가 알아주는 이도 없는 안타깝고 억울한 삶이었다. 한때 참전마저 비웃는 세력 앞에 눈치 보던 어이없는 시절도 거치고 죄인 같은 심정으로 슬퍼하던 내게도 그와 함께 기뻐하며 웃음 짓는 새 날이 올 것이라 어찌 짐작이나 했을까. 2010년 봄, 국가의 은혜로 그 영혼에 비로소 떳떳하게 명예로운 영광의 빛이 비춰졌다. 단풍잎을 꽃처럼 날리는 가을바람에 그 보람을 실어 밤하늘 그의 혼이 머물러 있을 곳에 띄우리라. 눈물 나도록 고마운 날, 그의 별은 지금 어디에 있는 것일까.

반듯한 이마에 콧날이 오뚝 섰던 하얀 얼굴. 누구를 닮았다면 그를 연상할 수 있을까. 어느 꽃미남 배우 못지않은 그였는데. 70년 전, 치열했던 6.25전쟁의 마지막 보루였던 낙동강 전선마저 위태롭던 52년 봄이었다. 어머님이 피난지 부산의 긴 병상에서 떠나시던 날, 꿈속에서 "얘야, 동생들 잘 살펴다오."라는 당부를 가슴에 새겨 피나는 노력으로 살아오던 내게 학량은 지울 수 없는 낙

김학량(필자의 남동생)

인을 찍고 사라져 갔다. 어쩌다 기쁘거나 즐거울 때면 그의 얼굴이 눈앞에 어른거려 가슴이 아려오곤 했으나 그 심정을 뉘에게 털어놓을 수가 있었으랴. 그의 늠름하고 귀태 나는 모습, 한 장면이 떠오른다. 제대하고 오던 날, 열차에서 내려선 흰색 정장차림의 그가 "누나" 하고 만면에 가득 미소를 띠고 다가서던 동생. 그 얼굴은 내 속에 한으로 각인되어 있다. 나는 부모님 영전에 고개 숙여 이제야 최선을 다했음을 용서 받고 싶다.

그는 1950년 6.25전쟁 발발 당시, 중학교 5학년의 앳된 소년이었다. 선생님들의 주선으로 KAIST에 계시던 이태규 박사(우리나라 최초의

화학박사)에게 주말마다 원어 강독을 사사받고 있었다. 그러다 보니 그의 방은 청소조차 할 수 없을 만큼 책이 쌓였고, 책상 위엔 실험도구가 널려 있었다. 수석으로 입학했기에 학급 반장으로 임명되었으나 적성에 맞지 않다며 도중하차한 괴짜였고, 장난기도 있어 수업 중에 뒷좌석에서 공을 굴리다가 순시 중인 교장님께 들켜, 학부모 소환에 내가 불려간 일도 있었다. 유년시절에는 일본 어린이 잡지사가 공모한 '글라이더 설계'를 어느 틈에 해냈는지 최우수상을 받기도 했다. 그뿐 아니라 전쟁터에서도 영어는 동시통역은 물론, 독학으로 스페인어까지 통달했던 그는 반짝이는 샛별 같은 존재였다. 아마도 그의 영혼은 허망함에 떠돌다 어느 별자리에서 머물고 있을 것이다.

제2차 대전 종전 후, 중국을 떠나 가족이 함께 조국의 수도 서울에 정착, 겨우 안정을 찾을 즈음, 날벼락 같은 6.25전쟁이 터졌다. 갑작스런 사태에 온 국민이 난민 신세가 되어 어디로 가야 목숨을 부지할지 우왕좌왕하게 되었다. 북한 괴뢰군은 남자면 어른 아이 할 것 없이 인민군에 끌고 갔고, 여자들은 눈에 띄면 여성동맹에 끌어가려고 집집마다 수색을 했다. 특히 나이보다 성숙해 보이는 그는 날마다 마루 밑에 숨어 신경을 곤두세우고 지내야 했으니, 아슬아슬한 나날이었다.

태양이 작열하는 7월 중순, 어머니와 내가 부득이한 일로 잠시 외출하고 돌아와 보니 그가 가출하고 없었다. 놀라고 당황하여 거리로 뛰쳐나가 봤으나 찾을 길은 없었다. 그는 "이렇게 숨어 사느니 인민군 한

놈 죽이고 나도 죽는 게 대한민국의 남자지." 하며, 훌쩍 떠나버린 거였다. 늘 입버릇처럼 "나는 이렇게 비겁하게 숨어 살기 싫어요. 언제까지 이렇게 숨어 살아야 해요." 하면 "얘야, 지금은 때가 아니란다. 조금만 더 참고 기다려라." 타이르셨던 어머님은 몸을 가누질 못했다. 6.25의 전화(戰禍) 속에 남동생은 행방불명, 아버님은 인천 근무지에서 전투경찰대로 투입되고, 남은 가족끼리 흩어져, 9.28 인천상륙작전으로 수복되기까지 소식이 끊긴 채, 속을 태울 수밖에 없었다.

서울이 수복되자 태극기를 흔들며 100여 일간의 암흑 같던 피난지에서 우리도 서울에 되돌아왔다. 집집마다 흩어진 가족이 모여들고 행방불명이던 식구의 소식을 접해 기뻐했지만, 학량, 그는 몇 달이 지나도 소식조차 알아볼 길이 없었다. 크리스마스가 다가오던 어느 날 발신자의 이름도 주소도 없는 편지 한 통이 날아들었다.

'아버지 어머니 안녕하시지요, 저는 9월에 UN군에 입대~(중략)~
안심하십시오. 학량 올림.'

전쟁의 포화 속을 어떻게 뚫고 살아났는지 묻고 싶은 것이 하나둘이 아니지만, 살아 있다는 단 몇 줄의 소식에 그저 감사할 따름이었다. 허나, 다음 해 1월 4일. 중공군의 개입은 국군과 UN군에게 '작전상 후퇴'를 면치 못하게 되어 우리도 또다시 피난길을 재촉하며 구사일생 부산에 방 한 칸을 구하여 짐을 풀었다. 그러나 불행은 예고 없이 덮쳐왔다. 연이은 피난의 과로와 무리로 어머님이 덜컥 쓰러져. 입원가료

그 별은 지금 어디에 57

6개월만인 52년 3월 23일, 눈을 감지 못한 채 타계하셨다. 관에 매달려 엄마를 부르며 지친 일곱 살 막내 여동생, 다음 날 중학교 입학 국가고사를 앞둔 다섯째 여동생 등의 울부짖음. 게다가, 어머님이 가장 아끼며 애처롭게 여기시던 남동생에게는 부음조차 전할 길이 없었다. 겨울의 끝자락을 적시는 진눈깨비가 우리의 슬픔을 대신하는 듯, 온종일 추적추적 땅을 적시고 있었다.

제대 후, 1957년 봄, 그가 23세에 요절하기까지 만 4년 반을 전쟁터에서 받은 정신적 충격과 자괴감, 후유증 등은 그의 심신을 병들게 하여 마침내, 불행하게도 유명을 달리하고 말았다. 전도가 유망한 청년은 안타깝게도 그렇게 짧은 생을 마감했다. 늘 흠모하던 시인 이상(李箱)의 뒤를 쫓듯 그는 가버렸다. 샛별처럼 반짝이던 그는 무지개 꿈을 접은 채. 6.25전쟁 60주년 봄, 정부의 학도병 명예 되살리기 정책 시행으로 군번도 찾았고 명예졸업장은 물론, 모교에 건립된 '참전동문기념비'에도 그의 이름 석 자가 하얗게 새겨져 석양에 반사되어 무지갯빛으로 반짝이고 있다. 밤하늘, 어디엔가 떠 있을 그의 별아! 오직 조국을 위해 몸 바친 영예로움으로 기억됨을 자랑스럽게 기뻐하고 있으리라.

2020. 5.

나팔꽃 사랑아

'안녕!' 날마다 싱그러운 자태로 나의 아침을 상큼하게 열어주는 꽃. 활짝 핀 꽃은 아침 이슬에 촉촉이 젖은 향기를 뿜어내는 듯하다. 꼭 인사를 건네듯, 잠에서 깬 부석한 눈매로 거실로 나선 내게 곧바로 환한 미소를 띤 나팔꽃과 마주친다. 진보랏빛의 둥근 꽃잎은 하얗게 시린 가슴을 수줍게 드러내며 야들야들한 아기 입술 같다. 어떻게 이런 나팔꽃을 ….

십 년이 지났을까. 초등학교 1학년이 된 막냇손자 두희가 뭔가 중얼거리며 놀고 있다가 "할머니! 선물이에요." 하며 내민 것은 A4 용지에 크레파스로 힘차게 색칠된 한 장의 그림이었다. 나는 무심코 "고마워." 하고 받아 책장 위에 올려놓고 잊고 있었다. 아마도 학교에서 나팔꽃 노래를 배웠나 보다.

아빠하고 나하고 만든 꽃밭에 ~(중략)~
아빠가 매어 놓은 새끼줄 따라 나팔꽃도 어울리게 피었습니다.

얼마 후인 주말, 아들네 식구가 집에 들렀다. 아파트 문을 들어서자마자 그 아이는 집안을 휘 둘러보며 "할머니, 그때 제 그림 어디 있어요?" 하고 찾는다. '없애버렸으면 어쩔 뻔했지! 휴우' 얼른 책장에서 찾아내어 벽면에 제 그림을 붙인 것을 보고서야 그 애는 마음을 놓은 듯했다. 이튿날 아침, 나는 내 눈을 의심했다. 나팔꽃 한 송이가 싱싱하게 피어나 그 향기가 코끝을 스쳐 가는 느낌, 촉촉한 이슬이 묻어나는 듯한 꽃과 이파리, 구불거리며 뻗친 초록색 줄기가 풋풋하게 다가왔기 때문이다. 그날 이후, 남편과 나는 그 싱싱한 나팔꽃을 마주하며 아침을 여는 행복에 젖어 들었다. 나팔꽃이 이토록 곱고 예쁜 줄은 미처 몰랐다. 마치 마법에 걸린 듯 우리는 서로를 바라보며 미소 짓던 세월의 기쁨과 황홀함을 '한 송이 나팔꽃'이라는 글로 엮기도 했다.

이제 홀로 남겨진 내게 아침은 때로 견디기 어렵고 힘든 시간이 되어 악몽 같은 순간을 넘어야 한다. 사방을 봐도 사람 그림자 하나 없는 빈 벽에 나팔꽃만이 미소 짓고 다가선다. '할머니, 힘내세요.' 기쁨, 희망, 행복을 주던 그 꽃은 이젠 더없이 고마운 내 친구가 되었으니. 어느 날, 나는 화원을 찾았다. 나팔꽃 모종이나 화분을 구하고 싶어서다. 아들딸 어렸을 때, 남편과 함께 창가에 줄을 매고 가꾸었던 나팔꽃의 추억들이 그리웠으나 구할 수가 없었다. 비록 이른 아침에 잠깐 피었다가 금세 시드는 꽃이지만. 한곳을 향해 그리움을 나타내듯 한쪽으로만 감겨 올라가는 그 꽃의 꽃말처럼 나는 '덧없는 내 사랑'을 떠올린다.

내일도 모레도 마냥 피어나 내게 힘이 되어줄 나팔꽃. 그것은 그냥 종이 위의 그림이 아닌, 살아 있는 생명처럼 나와 함께 숨 쉬며 내 곁을 지켜주는 벗이요, 내 손자의 할미 사랑이 아닐는지, 나팔꽃 내 사랑아!

2012. 6. 15.

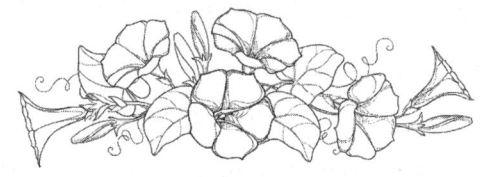

스카프 단상(斷想)

어쩌다 그 스카프를 잃어버렸지! 가장 아끼는 건데. 어디다 흘린 것일까? 빨간 꽃잎이 깔린 바탕에 보통 손수건보다 조금 큰 네모의 한끝에 작은 방울이 달려 애교스런 면 스카프다.

비슷한 스카프가 없는 건 아니다. 내 옷 방 붙박이장의 한 칸은 아예 스카프로 꽉 차 있다. 색색 가지 무늬의 스카프들. 손수건만한 것보다 조금 큰 것, 긴 것, 목을 한 바퀴 돌려 맬 수 있는 아주 긴 것 등. 소재도 면제, 리넨, 쫄쫄이, 나일론, 실크, 모직, 이름 모를 질감 등 다양하다. 그것들은 태반이 선물로 받은 것이다. 웬 스카프를 그리 많이 받았을까 놀랄지도 모르겠다. 23세 때부터 65세에 이르는 사십여 년을 교직에 종사했으니 그동안의 제자들, 동료, 친구, 친지, 얼마나 많은 사람들과의 교류가 있어 왔겠나. 여행지에서 눈에 띄었느니, 무슨 기념 삼아, 또는 축하의 뜻으로 받은 것들이다. 그리고 보면 여성들이 큰 부담 없이 손쉽게 주고받는 것이 스카프가 아닌가 싶다.

얼마 전, 한 친구가 오랜만에 시집을 냈다고 하기에 그녀가 좋아할 색상을 골라 스카프를 선물했다. 친구는 바로 그 자리에서 목에 두르고 함께 사진을 찍으며 좋아했다. 그날, 스카프 한 장은 받는 이에게 작은 기쁨을 더해준 셈이다. 한데, 그 많은 스카프 앞에서 누구에게 어떤 것을 받았는지를 까맣게 잊어버린 경우가 많음이 솔직한 나의 고백이다. 누구든 무엇인가를 선물하려면 각자 나름의 의미를 담아 정성껏 물건을 선택하여 전했을 텐데 그 심정을 생각하면 주신 분에게 너무 미안하고 죄스럽다. 그러나 '세월 앞에 장사 없다'는 말처럼 이젠 방금 해 놓고도 깜빡 깜빡 할 나이가 되어버려 마음속으로 용서를 빌며, 한 장 한 장을 때와 장소와 분위기에 따라 배려하며 소중히 사용토록 마음을 쓰는 것만이 보답일 것이라고 구차한 변명을 해 본다.

하지만 더러는 내가 좋아 산 것도 있다. 그중에 촉감이 야들야들한 미색 바탕에 검정색으로 장미꽃송이가 흐드러지게 피어 있는 스카프는 어떤 옷에나 무난히 어울리기에 평소 즐기며 챙겨 써 왔다. 어느 날, 자주 가는 정형외과 물리치료실 실장이 갑작이 말을 걸었다.
"아니, 해골을 좋아하세요?" 난 얼른 알아듣지 못했다.
"뭐라고 하셨어요?"

"아니 해골을 좋아하느냐고요."
"무슨 말씀이세요?" 되묻자 그쪽에서 더 의아해한다.
"그 스카프 해골 무늬잖아요!"

그의 말에 이끌려 스카프 무늬를 새삼 찬찬히 들여다보았다. 아뿔싸! 난 그걸 살 때부터 여태껏 내가 좋아하는 흑장미꽃송이로 알고 2, 3년을 두르고 다녔는데. 이렇게 황당할 수가! 누구를 붙들고 웃을 수도 없었다. 와! 내가 이런 착각을 하다니. 말이 안 나왔다. 순간 해골바가지의 물을 마셨던 그 유명한 원효대사의 야사가 떠올랐다.

'어허, 해골바가지에 담긴 물을 맛있게 드신 스님, 해골이 수백 개 그려진 스카프를 아름다운 장미꽃이라고 좋아서 목에 매고 다닌 나, 도사도 아니고 동등한 격도 못되는 내가.' 혼자 소리 없는 허탈웃음을 삼켰다. 내게 왜 이런 착각이 일어났을까. 생각할수록 기이한 노릇이다. '장미꽃…'. 순간, 언뜻 집히는 게 있었다. '그래, 그랬었지.' 2천 년도 초반에 정부에서 인터넷 계몽 홍보 차 곳곳에서 무료강습을 실시한 때가 있었다. 마침 나는 집 근처 초등학교에서 그 강습에 참여했다. 이메일을 주고받는 연습 중 편지 말미에 서명이 될 말을 적어보라고 했다. 그때 순간적으로 나온 말이 바로 '장미꽃'이며 그래서 '장미꽃 향기를 보내고 싶은 사람'이 그 후 내 메일의 끝장식이 됐다. 무의식중에 튀어나온 '장미' 내 안에 잠재적으로 얽힌 감성적 맥락이라도 있기에 해골이 장미로 보인 걸까. 언젠가 심리학에서 심층적으로 축적돼 있는 잠재의식의 표출이란 것에 대해 이야기를 들은 적이 있다. 혹여 내 관찰력의 문제가 있는 건 아닌지? 잠시 복잡하던 생각을 떨치고 그 후에도 난 거리낌 없이 그 해골 스카프를 애용하고 있다. 배포가 커서도 아니고 털털한 내 본성 탓이 아닐까 싶다.

그렇다 치고, 왜 삼복더위에 스카프를 목에 두르고 다닐까. 보기에 답답한지 가끔 물어보는 사람도 있다. 실은 세 가지 유익 때문이다. 첫째, 여성들의 여름옷은 대체로 목 주변이 많이 파여서 나처럼 가슴이 빈약한 사람은 볼륨 없는 약점을 커버하고, 둘째로 뒷머리 밑을 타고 흐르는 땀을 스카프가 흡수해주기 때문에. 세 번째, 지하철이나 버스를 타면 갑자기 센바람에 기침이 나는 것을 보호 해준다. 그뿐이랴! 목걸이 대신 액세서리가 되어 옷과 얼굴을 받쳐주어 밝고 경쾌하게, 때론 은은하게, 차분하게, 또는 엄숙하게도 분위기를 바꿔주기도 하니 이 얼마나 큰 역할을 하는가. 그러니 나는 스카프 애용자일 수밖에 없는 것이다. 흔히 남성은 넥타이, 여성은 스카프, 브로치, 핸드백 따위 장신구가 국제사회의 외교가에서도 정치적 이미지를 좌우하는데 활용되는 예를 자주 접하게 된다.

잃어버린 빨강색 면 스카프는 늙어 힘없는 내 이미지를 상쾌하고 활기 있게 연출해줬다. 게다가 사랑하는 맏손자가 작년 미국 유명대학의 박사과정에 떠나기 전 "할머니 좋아하시는 스카프에요." 하며 생일 선물로 준, 사랑이 담긴 소중한 내 보물이다. 며칠 동안 추적한 끝에 고맙게도 어느 약국에 잊고 온 것을 찾아냈다. 그때의 반가움과 기쁨이라니! 손자도 기뻐 활짝 웃는 얼굴로 다가오는 것 같다.

2018. 11.

35년 만의 밤

설악산 계곡 자락 펜션의 밤은 한여름의 무더위를 잊게 했다. 커튼 사이로 흘러든 희미한 달빛이 같은 침대에서 잠든 딸의 얼굴을 물끄러미 바라보게 했다. 낮에 고된 산행 탓에 금세 잠에 푹 빠져버린 딸아이. 하나뿐인 딸을 시집보내기 전날 밤, '이 철부지가 잘 살아내야 할 텐데.' 노심초사하며 함께 보듬고 누워 잠 못 이루던 그날 밤 이후 35년 만에 처음인 것 같았다. 한 평생 직업 전선에서 바삐 살아온 어미인 나였기에. 그새 이 아이가 벌써 환갑을 맞았다.

요즘은 딸아이가 태어나면 금메달이라고 좋아하는 풍토가 되었지만, 예전엔 아들이 아닌 서운함을 달래려는지 '맏딸은 살림 밑천'이라며 위료산아 어른들이 하는 말씀인 것 같았다. 게다가 초산에 제왕절개 수술을 해야 낳을 수 있다는 갑작스런 의사의 진단에 얼마나 큰 충격이었는지. 60년 전 일이었으니까. 남편과 나는 겁에 질려 손을 붙잡고 떨어야 했다. 다행히 당시 국내 최고의 산부인과 의사인 김석환 박사를 만났기에 시퍼런 핏덩이로 숨도 못 쉬는 갓난아기를 살려냈고 산모도 무사할 수 있었다. 그렇게 해서 얻은 것이 바로 이 딸이었다. 볼은 쏙 패여 일그러졌고 늘 골골하며 커 가면서도 병치레가 잦았다. 또 이 아기는 소변 가리기 등 다른 애기들보다 늦되어 밤에는 기저귀를 꼭 채워야 했다. 혹시 난산으로 뇌를 다쳐 발달장애라도 생겼나 하는 걱정으로 여러 병원을 찾아 여기저기 헤매기도 했다.

유치원에 다니게 되면서도 남들처럼 잘 뛰지를 못하며 조금만 걸으면 다리가 아프다고 주저앉기도 했다. 하지만 말은 제법 또박또박 예쁘게 했기에 어디를 데려가도 "어린애가 참 야무지네." 하는 칭찬을 듣기는 했다. 다행이랄까. 나는 그 딸 밑으로 두 아들은 순산했고 그들은 순탄한 가정을 꾸려 나가고 있다. 그러나 직장을 가진 홀아씨인 나는 어린 셋 아이를 온종일 철모르는 도우미 언니에게 맡겨 불안과 미안함에 마음을 조려야 했다. 고등학교는 초, 중학교와 달리, 출근 시간은 이르고 퇴근은 늦어 늘 가정과 직장과의 양립의 갈등을 씻어 낼 수가 없었다. 단 한 가지 '진실로 최선을 다하면 하늘이 도우리라, 인명은 재천이다'는 믿음만이 나로 하여금 힘을 얻게 해주었다.

딸 아이가 댓 살이던 어느 일요일, 오랜만에 손을 잡고 장을 보고 돌아오는 길에 아는 사람을 만나 반갑게 인사를 나누고 헤어졌다.

"엄마, 누구야? 지금 만난 아줌마?"
"응, 엄마랑 전에 같은 학교에 있던 선생님인데. 왜?"
"엄마, 그 아줌마 코가 ○○와 꼭 닮았지 않아?"
"그래?"

반문하면서 살짝 놀랐다. 난 전혀 기억이 없었기 때문이다. 같은 직장에서 친구의 머리 모양이 바뀌어도 얼른 눈에 들어오지 않는 나였으니까. 한데 이 아이 관찰력이? 시력은 문제가 없는데 나는 눈썰미가 없는 사람이 아니던가. 또 세 아이들이 초등학교 1, 2, 4학년에 올라간 어느 날, 귀가하자 아이들이 엄마! 하고 달려 나왔다. 난 무심코.

"그래 숙제는 다 해놨지?" 묻자, 갑자기

"엄마! 엄마는 공산주의자야 ~ " 하고 딸이 소리를 질렀다.

너무도 뜻밖의 일이었다. 언제나 착하고 별말 없는 조용한 딸인데 웬일이지 싶어.

"미야(딸아이의 애칭) 그게 무슨 말이지?" 묻는 나를 향해

"엄마, 오늘 사회시간에 선생님이 누구에게나 똑같이 나눠 먹게 배급 주는 건 공산주의랬어. 그건 나쁜 거잖아. 엄마는 우리 간식을 늘 똑같이 배급해 주지 않아. 엄마 나빠~"

항변인 것이다. 나는 어린 딸의 그 한마디에 기가 막혀 꼭 한 대 크게 얻어맞은 것 같아 어이없고 몹시 억울했다.

어린애들이 학교를 마치면 엄마 생각이 나서 뛰어오련만 우리 애들

은 엄마 없는 빈집이니 빨리 돌아오고 싶겠는가? 친구 집에서 놀다 오거나 길가의 가게 앞을 서성거리며 손가락을 빨면서 멍하니 서 있지 않을까? 고민 끝에 간식이라도 맛있는 것을 매일 바꿔서 마련해 놓으면 '오늘은 엄마가 뭘 주고 갔지?' 하고 엄마 생각하며 제각기 예쁜 찬합에 자기 몫을 먹는 것을 통해 엄마를 느끼게 하리라는 마음에서 도우미 언니에게 '숙제 끝내면' 주도록 몇 해를 이어온 내 정성의 이벤트였는데. 진실로 큰 충격이고 황당하고 슬펐다. 하지만 생각하니 미리 이해시키지 못한 탓이려니, 그 보다 어리숙하고 말도 없이 착해 빠진 어린 딸의 비판능력에 새삼 대견하고, 반갑고, 기쁘기도 했다. 그때 딸은 초등학교 4학년이었으나 뭘 하나 줘도 늘 두 남동생에게 빼앗기고 밀려 찔찔 울던 딸. 철이 늦게 들 것 같던 딸. 약하게 태어나 죽을 고비를 겪은 아이였는데.

고등학교를 졸업한 날, "엄마, 우리 친구 중에 나처럼 학교와 집밖에 모르는 애는 없을 걸" 그리고 "엄마, 나 이 교복 위에 덧입은 스웨터 초등학교 5학년 때 엄마가 사준 건데 지금까지 잘 입었어요!" 나는 가슴이 찡 해왔다. 그때 내게 공산주의자라고 호통친 것 외에 여태껏 마음에 안 드는 일에도 한 마디 불평조차 않던 딸도 이젠 교직에서 은퇴하고 남편과 안정된 노후를 맞고 있다. 우리의 박봉으로 나의 친정까지 도우며, 함께 사느라 시집갈 때도 소박하게 꾸려 보낸 딸이 어느새 환갑을 맞았으니 내 가슴이 벅차 온다. 약하게 태어나 잘 살아낸 딸,

'상미'에게 고마움을 무어라 전할 수 있을까. 깊이 잠든 딸의 얼굴이 어린아이처럼 곱다. 자정이 넘은 듯 고즈넉한 어둠 속에 흐뭇해하는 남편의 미소가 어렴풋이 스쳐간다. 2017. 10. 27.

그래도 살아 있기에

일산행 지하철을 타고 화정역으로 향했다. 고양경찰서는 화정역에서 택시로 10분도 채 걸리지 않았다. 변덕스런 날씨는 어제까지 겨울의 끝자락을 아쉬워하듯 찬바람이 몰아치더니 오늘은 여름인 양 더위마저 느끼게 한다. 활짝 갠 하늘엔 구름 한 점 없다. 아버지가 인천경찰서로 전근가기 전까지 이곳의 서장을 맡으셨으니, 후암동 집에서 지프차로 새벽같이 출근하시면 밤늦게야 귀가하시던 기억이 새롭다. 서장실 벽에는 역대 서장들의 사진이 걸려 있다는 말을 들은 지는 오래지만, 여태껏 찾아볼 생각을 한 적은 없었다.

그때 두 사람은 모두 우울증을 앓고 있었음이 틀림없다. 그렇지 않고서야 어찌 부자(父子)가 말도 안 되는 억지와 오해로 밤마다 언성을 높일 수가 있을까. 어머니를 저세상으로 앞세우고 감원이라는 철퇴를 맞아 직장까지 잃은 50대 중반의 아버지. 겨우 열여섯 고1 때에 6.25 전쟁을 맞아 후퇴하는 국군 뒤를 쫓아 식구들 몰래 혼자 남하하여 행방불명이었는데 어린 사병으로 격전지에서 살아남아 돌아온 큰 남동생. 그가 4년 반 만에 돌아온 집안은 그리웠던 집이 아니었다. 어머니 안 계신 가정, 학업을 못 마친 개인적 압박감, 보살펴야 할 여러 어린 동생들과 술이 유일한 낙(樂)이 되어 버린 아버지가 무척 부담스러웠을 거다. 게다가 남달리 높은 이상을 품었던 그의 꿈은 산산조각이 된 현실이 그에게 벅차기만 했다. 희망을 잃은 그들은 갈등과 좌절을 겪으며 피해망상증으로 서로 부딪쳐 상처 입히며 스스로를 아픔으로 몰아넣는 사단이 벌어지곤 한 것이리라.

그럴 때면 나는 어느 편을 들 수도 없지만 그래도 "아버지가 술이 과하셔서 그러니 네가 참아야지." 언제나 남동생을 타일렀다. 친정에는 크지는 않지만 아담한 집 한 채가 서울에 있었다. 53년 여름 6.25 종전협정이 성사되자 미리 상경할 준비를 하시겠다는 아버지를 믿고 경비를 마련해 드린 것이 나의 큰 실수라고 할까. 포탄으로 파손된 집이니, 아예 팔아버리고 잔금을 받기 위해 오래 머물러 계셨다는 거다. 돌아오실 때는 감이 보통사람은 탈 수 없던 비행기를 타고 왔노라 하시며 얼마 남지 않은 돈을 내게 넘기셨다. 철석같이 믿었던 일이 물거품이 되니 황당하고 기가 막혀 하늘이 무너지듯 앞이 칸칸했다. 아, 이제 어찌 살아가야 하나! '인생은 나를 찾는 힘든 여정'이라고 생각하며 살아온 나는 어떤 어려움 앞에서도 이를 악물고 여태껏 최선의 노력을 다 해왔건만, 이젠 한 치 앞도 보이지 않는 이 길을 어떻게, 어디까지 가야 하는지 더욱 막막할 따름이었다.

집이 없어졌으니, 상경한들 여덟 명이나 되는 대식구가 어디서 누구를 의지하고 살 것인가. 맏이인 나는 피난지에서 병고 끝에 유명을 달리하신 어머니의 빈자리를 채워갈 뿐 아니라, 경제관념이 희박한 아버지 몫까지 도맡아야만 했다.

'사람은 서울에서 살아야 한다.'는 유언처럼 하시던 어머니의 말씀을 따라 폭격으로 파괴된 빈 집터를 의지하며 어찌어찌 삶을 이어갔다. 동생들에게는 굶어도 공부는 시켜야 후에 자립할 수가 있을 거라 생각하며 곁눈 팔 틈 없이 앞만 보고 달렸다. 전쟁터에서 살아나온 남동생은 내게 큰 의지라 믿었고 반가웠는데 그마저 허사로 돌아가고 말았다. 그 아이는 살벌한 격전지에서 여린 마음을 다쳐서인지 또는 아버지와의 갈등 때문인지, 심한 우울증에 빠져 건강이 나빴고 결국 이상(李箱)을 흠모하며 누나인 내 살뜰한 보살핌도 아랑곳없이 세상을 등지고 만 것이다. 허망하고 배신감마저 느껴 눈물조차 흐르지 않았다. 좌절을 넘어 다시 일어나 성심을 다하다 보면 언젠가는 희망의 불씨가 보이겠지, 계속되는 시련 속에서 스스로를 달랠 수밖에 없었다.

삶의 의지를 술로 버티시던 아버지는 가끔 딸네 집을 찾아 다녀가실 때면, 그 뒷모습에서 표현할 수 없는 번뇌와 비애에 짓눌린 그 어깨에서 인생의 서글픔이 묻어나 가슴이 찢어지듯 아파왔다. 홀로 사시는 외로움, 자식들도 이해할 수 없는 답답함을 품고 인내로 세월을 삭혀가시리라 짐작되어 늘 마음 한편에 무거운 짐을 지듯 어두운 심정이었다. 우리 내외는 셋방살이를 하며 친정 식구의 생활도 전적으로 맡아 두 집 살림을 지탱해 오던 터라 더 어찌하지를 못한 것이다. 그러던 어느 겨울 아침, 아버지는 갑작스런 뇌일혈로 쓰러지셨다. 바로 전날도 약과 드실 것을 챙겨 뵙고 왔었지만. 너무 허망했다. 눈물을 흘리기보다는 오히려 '참으로 힘든 고통에서 벗어나셨구나!' 하는 안도의 한숨이 새어 나왔던 기억이 가슴을 엔다. 가신 지 올해로 50년, 어언 반세기가 흘러갔나 보다.

한데, 이제 내 남편의 2주기 상(喪)을 치르고 정신을 차리니, 짝 잃은 부부의 인연이 얼마나 아프고 견뎌내기 힘든 처절한 고통인가를 몸소 겪은 것이다. 아버지가 혼자되신 후, 묵묵히 버티어내신 세월이 얼마나 감당키 어려운 아픔이었을까 함이 뼈에 사무치게 와닿았다. '지성이면 감천'을 신조로 평생을 살아온 나지만 완벽할 수는 없는 것, 안타까움이 가슴 깊이 파고들며 미숙하여 불효한 자신이 새삼 죄스럽고 한탄스러워진다.

'二代 서장 ○○○' 명패가 붙은 사진 앞에서 소리 없는 통곡의 눈물이 가슴에 넘쳐흘렀다. '얼마나 힘드시고 아프셨어요, 아버지! 위로의 말씀 한마디 못 드린 이 못난 여식을 용서하세요. 아버지!' 이제야 비로소 진심으로 속죄할 수 있게 철이 들었나 봐요. 살아 있기에, 늦었지만 그래도. 이렇게나마 회한의 가슴을 쓸어내린다. 돌아오는 전철 안에서 눈을 감는다. 아버지께 귀염 받던 어릴 날의 추억이 눈에 어린다. 이 또한 6.25전쟁이 빚은 비극의 흔적이 아닐는지.

2013. 6.

내 안에 숨 쉬는 나무들

　초봄의 신도시 거리는 한산했다. 대로의 차선은 지나치게 넓은 것 같고 하얀 차선은 차갑게만 느껴졌다. 기획도시여선지 곳곳에 녹지와 공원이 마련되어 좀 어설프지만 상큼한 초록빛이 감돌아 생기가 솟는 듯했다. 차도와 인도(人道) 사이의 가로수 밑에 줄지어 심어 놓은 어린 쥐똥나무는 차들이 내뿜는 매연에 오염된 탁한 공기를 맑게 해주고 삭막한 아파트촌의 분위기를 살려주니 고마웠다. 그 곁을 거닐며 정년을 마치고 이사 온 나는 신설학교 개설에 땀 흘려 일하던 그리운 추억과 더불어 당시 쥐똥나무를 구하지 못해 고생하던 일들이 되살아나 반갑고 정겨웠다.

　주변은 날이 갈수록 파릇파릇한 연녹색 경관과 상큼한 봄 향기가 무르익는데, 나는 정든 고향 잃은 나그네처럼 허탈감에 빠져 허우적거렸다. 무엇보다 무위도식하는 자신의 일상(日常)이 견디기에 너무 힘겨웠다. 꿈결처럼 지나간 활기차게 일에 파묻혔던 반세기를 떠올릴수록 더 의기소침해져 마음과 함께 발걸음마저 무거웠다. 게다가 20여 년의 가족사(家族史)가 얽힌 서울 집은 아담한 2층에 꽤 넓은 앞마당이 있었다. 겨울에는 하얀 눈꽃이, 이른 봄부터 개나리, 철쭉, 라일락, 작약, 목련, 모과, 대추, 포도나무 감나무까지 갖가지 꽃과 나무가 담을 넘어 지나는 이들의 눈길을 끌었다. 그 집은 남편과 식구들의 손길이 묻은 꿈의 정원이었다. 한데, 장성하여 가정을 이룬 아이들의 분가로 우리 부부는 낙향하듯 떠나와 뜬구름처럼 허공을 헤매는 듯 살게 되었다. 우울증이 이런 걸까! 의욕도, 기운도, 밥맛도 잃고 깊숙한 늪에 빠져드는 상태였으니.

　그날도 무료함에 훌쩍 집을 나섰다. 한데, 문득 어디선지 웬 향긋한 바람이 볼을 스쳐 코끝에 스며들지 않는가! 놀라웠다. 이 향내를 맡는 순간 그렇게 무겁던 마음과 몸이 삽시간에 날아갈 듯 시원하고 가뿐해진 거다. 달콤하면서도 향긋한 난(蘭) 향기는 아니다. 장미꽃이나 백합 향기도 아닌 또 다른 뭐랄까? 어떤 향수와도 비교가 안 되는 그윽하고도 가슴을 채우는 향기. 대체, 무슨 향내기에 이럴 수가? 영산홍, 라일락꽃? 계속 코를 킁킁거리며 이 정체 모를 향내의 출처를 밝히려 두리번거리는 내 탐색엔 아랑곳없이 향기는 계속 내 가슴 깊숙이 파고들며 나를 위로해 주고 있다. 사방을 훑으며 살피던 나는 또다시 깜짝 놀랐다. 그게, 볼품없이 길가에 늘어선 쥐똥나무의 자그마한 흰 꽃송이에서 풍기는 향기가 아닌가! 참으로 신기한 일이었다. 언젠가 향기로 정신치료를 한다는 이야기를 언뜻 들은 적이 있었지만, 바로 지금 내가 그 치료를 받은 것이다. 불현듯 한 대 얻어맞은 듯 아찔했다. 평소 하찮은 나무라고 함부로 대하며 우습게 여긴 그 쥐똥나무 향에 내 병이 치유를 받다니! 얼마나 죄스럽고 미안하며 고마웠는지. 그로 인해 쥐똥나무는 이제껏 내 가슴에 보석처럼 귀한 존재로 살아 있다.

여러 해가 흘러 많은 것이 바뀌고 또 변했다. 우리 부부는 유학길을 떠나는 맏손자인 '원희'를 위해서 아파트 앞마당에 작은 주목나무 한 그루를 심었다. 두 뼘 정도의 길이와 손가락 굵기였던 어린 그 묘목이 어느새 내 키만큼 자랐고, 그 가지와 잎이 귀족 같은 주목나무의 모양새를 갖춰 간다. 마치 대학을 마치고 현지에서 삼년 째 경험을 쌓고 있는 그 아이의 늠름한 모습을 대하는 듯 대견하고 신비롭다. 이젠 할아버지 안 계신 아파트의 할머니 곁에서 보살펴주듯, 그립고 외로울 때 그 아이 바라보듯 그 나무 옆을 서성이거나 창밖을 내려다보면 '할머니~' 원희의 맑은 음성이 내 귀를 적신다.

늦추위가 기승을 부리던 올봄도 5월의 햇살은 화사하다. 길가엔 귀엽고 예쁜 흰 꽃송이를 장식한 쥐똥나무가 나이테를 더해가며 제자리에서 나를 반긴다. 하지만, 어쩐지 나무들이 생기가 없어 보이고, 향기도 한풀 꺾인 듯 느껴짐은 내 노파심일까. 혹여, 인간 편의를 위한 문명의 이기들이 자연을 훼손시켜 귀한 나무들이 신음하고 병들어가는 것은 아닐는지. 공연히 가슴이 아려온다.

2013. 6.

잊을 수 없는 눈짓

회색 아침이다. 요즘 밝은 햇살을 가로막는 미세 먼지와의 전쟁이 지속되는 일상이고 보니 세상이 더 삭막하고 피폐해진 느낌이다. 미세 먼지는 자연을 파괴한 인간의 부메랑. 생각하면 씁쓸해진다. 그렇지 않아도 버겁게 살아가는 우리는 어디서 위로 받으며 안식을 찾을 수가 있을까.

올겨울은 예상과 달리 경칩이 되도록 눈비 한 번 제대로 못 본 채 춘삼월을 맞았다. 낮 기온이 영상 10도를 웃돌던 어느 주말, 겨울나기를 위해 싸맸던 베란다 화초들의 마분지상자를 모두 싹 벗겨냈다. 기다렸다는 듯 파란 잎들이 시원하게 기지개를 펴는 소리가 귀를 간질인다. '그래그래. 그동안 움츠리고 있느라 얼마나 답답했냐! 고생했구나.' 연약해진 그들과 눈을 맞춰본다. 기특하게도 그늘진 틈에서 고사리 눈 같은 여린 새싹이 돋아나 비죽이 웃는 모습이 싱그럽고 경이롭다. 작디작은 새 생명에서 뿜어내는 강렬한 힘이 가슴을 파고든다. 나는 지치고 곤할 때면 '장수가 축복일까?' 스스로에게 물음표를 던지던 심정이 부끄러워진다. 창 넘어 산자락의 연녹색 물감이 너울처럼 깔린 희뿌연 안개 사이를 뚫고 다가선다. 봄은 어김없이 오는가 보다. 하지만 '초미세먼지 나쁨'의 경보로 그들에게 베란다 유리문을 열어주지 못했다.

많지 않는 화초지만 나름의 인연으로 내 작은 화원의 귀한 벗들이라 부르고 싶다. "쓰레기장 근처에 버려진 것을 주워 왔지!" 하며 남편이 환한 얼굴로 안고 들어온 작은 화초. 고구마에서 돋아난 분재 같은 작은 화초, '인삼펜더'에 내 시선이 오래 머문다. 퇴직 후, 분당에 새 둥지를 튼 우리에게 큰아들이 건네준 작은 선인장은 23년 동안 2세대가 잘 자라서 더러 분양을 해주기도 했다. 그밖에 군자란, 호야, 계발선인장, 동양란, 해를 넘겨도 싱싱한 포인세티아, 파키라 나무, 산세베리아. 테이블 야자, 사랑 꽃, 홍죽 등이 우리 화원의 식구들이다. 짧게는 몇 달, 길게는 4, 5십 년에 얽힌 사연들로 정이든 이들. 남향 베란다를 장식하고 집안에 생기를 준다.

그중 멋쟁이 홍죽(원명:드라세나 아이자카)은 어느새 늘씬한 줄기가 여섯 대나 뻗어 그 끝에 꽃보다 아름다운 진분홍색 이파리를 들어 올리며 '당신 곁에 있겠습니다.'라는 꽃말로 나를 위로해 준다. 언제나 썰렁한 집에 들어선 나를 반기며 맞아주는 다정한 대화의 상대는 오직 그들뿐이 아니더냐!.

　1984년 봄, 뜻밖에 서울의 강북에서 강남의 고등학교 교장으로 전근된 나는 신설학교 책임자로 정신없는 나날을 보냈는데, 그때 받은 축하화분 중에 진분홍 잎이 나풀거리는 화초가 눈길을 끌었다. 4년간 몸담았던 중학교의 서무주임이 보낸 '홍죽'이었다. 얼마나 세월이 흐른 뒤였을까! 그가 암으로 세상을 떠났다는 소식에 몹시 놀라며 안타까워했다. 아직 젊은 50대였으니.

　그와의 첫 만남은 약 10년 전, 중앙교육원구원에 부임한 때였다. 충실한 모범공무원인 그는 형님이 고위직에 있는 내무부 근무가 불편하여 교육부로 전보했다고 한다. 그 후, 다른 곳을 거친 내가 모 여중교장으로 옮겨가 보니, 낯익은 그와 또 만나게 된 것이다. 뒷날 소문에는 행정직인 그가 여러 교사들과 부대껴야하는 학교생활을 힘겨워했다는 거다. 아, 그랬구나! 암의 원인이 스트레스라는데. 그제야 나는 내 분주함 때문에 그에게 소홀했다는 자책으로 마음이 아파왔다. 받은 화초의 꽃말 '당신 곁에 있겠습니다.'는 어쩌면 '있고 싶습니다.'란 메시지였는지도 모른다. 지금도 홍죽을 대할 때면 그에게 고마움과 미안함을 함께 느낀다. 뿐만 아니라 남편과의 이별의 아픔을 메워준 가냘픈 '사랑 꽃'도 8년째 하얀 꽃망울을 피우고 지며 그리움을 이어주고 있다.

　평온하고 살가운 내 삶의 멋은 이런 벗들과의 교감으로 순화되어 거친 세월을 헤쳐 자신을 추스르고 있는 것이 아닌지. 오늘따라 김춘수의 '나는 너에게 너는 나에게 잊히지 않는 하나의 눈짓이 되고 싶다.'는 말이 눈물겹게 다가온다. 2019. 4.

별이 이끌어준 길

스산한 초겨울 바람이 볼을 스친다. 헐벗은 나뭇가지 사이로 멀리 창공에 반짝이는 별 하나를 쫓아 떠돌던 나의 상념이 멎는다.

철부지 시절, 수많은 밤들을 홀로 담장에 기댄 채, 내 별을 찾아 이야기를 주고받던 숨결이 아련히 피어난다. 나는 아버지의 목소리가 커지고 어머니의 대응이 시작된 듯싶으면 밖으로 뛰쳐나갔다. 어른의 세계를 모르던 내게는 견디기 힘들었었나 보다.

길 건너, 도도히 흐르는 쑹화강(松花江)의 검푸른 물결 소리가 귓가에 맴도는데 어둠 속에 서서 나의 별을 찾아 손끝이 시려오는 두 손을 모아 기도를 했다. 뉘게 털어놓을 수 없는 안타깝고 답답한 어린 마음의 탄식과 소망을 실어 독백처럼 되뇌곤 했다. 하지만 나의 별은 기쁠 때나 슬플 때, 괴로울 때도 함께 속삭이며 흐르는 눈물을 말없이 지켜봐

주었다.

 나는 말수 적고 내향적인 외톨이로 풀피리 같은 여린 소녀로 자랐던 것 같다. 그렇게 시작된 나의 기도와 독백, 때로는 울부짖음과 하소연 같은 몸짓은 외적 성장과 더불어 내면을 키워갔다. 책 읽기를 즐기게 되면서부터 나는 마음의 생각을 쪽지에 담아가는 버릇이 몸에 배기 시작했다. 그렇게 자란 습관은 내 스스로를 추스르고 기쁨과 슬픔, 어떤 어려움도 다스릴 수 있는 지혜가 되었나 보다.

 깊은 밤, 그 별이 금빛으로 반짝이며 내게 격려의 손짓을 보내주던 가슴 벅찬 기억들. 나의 기도를 들어주며 미소 짓듯 빛나던 아름다운 별과 주고받던 이야기들이 내게 글쓰기로 이어져 지금도 함께 숨 쉬고 있다. 그러기에 나에게 문학은 형식이나 규격에 구애받지 않는 자유롭고 허술한 모양새로나마 존재할 수 있었고 그 나름대로 글쓰기를 멈출 겨를도 없이 지나온 것이리라. 해서 내가 쓰는 글은 삶의 희로애락의 표출이니 또 하나의 나일 수밖에 없지 않을까.
 자신의 인생체험을 진솔하게 나타내는 글이 수필이라면, 그 속에서 삶의 의미를 찾고 영혼을 살찌게 하는 글이 수필이라면, 나는 주저 없이 수필가의 대열에 당당하게 머물고 싶다. 나를 글쓰기로 이끌어준 빛나는 그 별도 기뻐 응원해주리라.

2008. 11. 20.

눈망울에 비친 무지개

호놀룰루 비행장에 도착한 것은 이튿날 아침 8시 30분, 예정보다 10분 빠른 시간이었다. 하루 먼저 도착한 여동생 내외가 우리를 마중 나온 것이다. 불과 6개월 만의 해후인데 그렇게 반가울 수가 없다. 이 날, 11월 6일은 동생의 생일날이다.

동생 남편은 아내의 생일 선물로 언니 내외인 우리를 만나게 한 것 같았다. 그러기에 그들은 본토에서 이곳에 날라 왔고, 우리는 태평양 건너 이 자리가 마련된 것이다.

"언니! 저 차 번호판 보세요."

나는 차창을 통해 동생이 가리키는 앞차 뒤편을 보았다. 흰색 네모진 편 바탕에 무지개가 그려져 있고 그 위에 검정색으로 숫자가 새겨져 있었다.

"웬일로?" 묻는 내게.

"하와이에는 무지개가 많이 뜨는데, 여기 사람들이 무지개를 좋아해요."

그래서 대표 도시 호놀룰루의 상징으로 번호판에 그려 넣은 것이란다. 우리는 7년 전, 결혼 40주년 기념 삼아 관광으로 4박 5일 동안 빅 아일랜드까지 다녀갔지만 이건 처음 듣는 이야기였고 무지개를 본 일도 없었다. 그렇지 않아도 동생 내외의 뜻밖의 초대로 온 이 여행이 겨울 없는 상하(常夏)의 섬 '하와이'에서 지낼 멋진 기회이기에 가슴 부풀고 있던 내게 '무지개'란 첫 마디는 한층 더 들뜨게 했다. 불현듯 까맣게 잊었던 옛일이 되살아났다. 어려서 처음 무지개를 봤을 때 저 공중의 색동다리는 신비한 동화나라로 건너가는 길인가 보다. 마치 큰 비밀을 알아낸 듯 들떴던 날이 있었지. 그 꿈 많던 시절이 엊그제 같은데.

    누가 놓았나/ 파란 하늘에/ 무지개 다리~(중략)
    무지개 다리에 오르면/ 어른들은 어릴 때로 / 순식간에 건너가지
      - 김숙분 동시

나는 어린아이처럼 기대에 부푼 마음으로 향기로운 섬 공기를 들이쉬고 내쉰다. 어림잡아 25분쯤 달렸을까, 안내받은 숙소는 동생 아들이 별장으로 쓰는 건물이라고 했다. 유리 탑 같은 그 건물의 그림자가

바닷물에 비친다 하여 '워터프런트 타워'라 불리는 42층 쌍둥이 빌딩의 30여 평의 콘도형 아파트였다. 4층 주차장에 내려 엘리베이터로 29층까지 올라가서 이중 삼중으로 잠겨있는 아파트 문을 열자, 방 전면을 가득히 채운 유리 창문으로 파란 태평양 바다가 한눈에 들어오질 않는가. 나도 모르는 새, 감탄사를 연발했다. '이렇게 아름다울 수가!' 꿈만 같았다. 우리는 한동안 선 채로 끝없이 펼쳐진 짙푸른 바다 그리고 하늘과 맞닿은 가물가물한 수평선을 멍하게 바라보고 있었다. 동생의 재촉에 정신을 차리고 식탁에 앉아 이 환상적인 자리를 감사했고 앞으로 한 달간의 여정을 주님의 사랑으로 이끌어주실 것을 기원하며 또 감사했다.

점심 후, 우리 내외는 그녀의 생일축하를 위한 저녁식사 예약을 하려고 한동안 안내 책자를 뒤적거리고 있는데 갑자기 "언니~ 언니!" 부르는 소리에 고개를 들고 손짓하는 쪽을 바라보았다. 커다랗게 반원을 그리며 선명하게 바다 위에 걸려 있는 그 무지개는 뿌리가 와이키키해변에서 시작되어 반대쪽은 멀리 동쪽 야산자락에 잠겨 들고 있었다. '빨주노초파남보.' 더러 5색 무지개는 보아왔어도 일곱 가지 색 모두가 이토록 선명하게 이어진 커다란 다리는 처음 보았고 어쩐지 뭔가 기대했던 좋은 일이 일어날 것만 같은 예감이 들었다.

일행은 거리로 나섰다. 호놀룰루의 상징물인 '알로하 타워' 앞에 정박하고 있는 유람선을 타려고 사무실을 찾았다. 예약 창구에는 겨우 다섯 자리만 남아 있어 한 발만 늦었어도 우리는 차례가 안 될 뻔했다.

역시 무지개를 본 효험이 나타난 것이라고 우리는 아이들처럼 깔깔거리며 좋아했다. 물론 무지개가 반드시 좋은 일만을 암시하는 것은 아닐 것이다. 구약성서에서는 다시 홍수로 인류를 멸망치 않겠다는 약속의 징표로 나오지만, 흔히 옛 사람들은 홍수나 큰물의 조짐으로 보거나, 하늘과 땅, 이승과 저승을 잇는 다리의 이미지로 받아들이기도 했던 것 같다. 하지만, 우리는 이곳 사람들처럼 그것을 길조이고 행운이라고 믿고 싶었다. 우리가 탈 '스타 크루즈'는 5층의 우람한 위용과 함께 내부도 아름답게 장식되어 있었다.

"알로하~!" 하와이 여인이 애교스런 자태로 반가이 맞으며 달아주는 나비 같은 보라색 양란 꽃을 살포시 귓가에 달고 안내를 받았다. 저녁 5시 30분부터 배는 서서히 움직이며 섬 일주를 시작했고 우리 네 명은 다행히 1층 창가의 4인용 테이블에 마주앉아 바다 쪽을 볼 수가 있었다. 색색의 램프로 은은히 밝혀진 넓은 선실 안에는 흥분과 기대에 찬 사람들의 눈빛이 반짝이고 있었다. 애인끼리, 가족끼리, 또는 단체관광객인 듯싶은 무리들, 그야말로 글로벌 시대를 실감케 하는 낯선 여러 인종이 낯익은 듯이 서로 미소를 주고받는다. 선상에는 감미로운 음악이 흘러나오고 촛불이 흔들거리는 테이블에는 주문한 칵테일 잔이 놓이자 분위기는 점점 더 무르익어갔다.

우리는 잔을 들고 동생의 68회 생일과 하와이에서의 우리의 만남을 축하하는 건배를 외쳤다. 얼마나 귀한 감사와 축복에 찬 순간이랄까!

네 사람 모두 마주보는 눈과 눈 사이에 눈물이 맺혀 무지갯빛처럼 아롱거렸고 꿈을 꾸고 있는 것만 같은 분위기 속에 감동의 시간은 더욱 깊어갔다. 환담 속에 바닷가재를 포함한 푸짐한 디너가 진행되었고, 배는 불빛 찬란한 알로하 항구를 떠나서 이미 오아후 섬 뒤편을 서서히 선회하고 있었다. 언제부터인가 선실 중앙에는 벤드의 신나는 리듬에 맞추어 남녀 쌍쌍이 날렵한 춤 솜씨를 자랑하고 있었다.

이 기막히게 황홀하고 뜻깊은 순간, 갑자기 뭉클한 것이 폭포수처럼 치솟아 내 가슴을 주체할 수 없게 흔들지 않는가! 마치 금세 가라앉을 것 같은 나뭇잎에 매달려 막막한 바다 한가운데서 어린 동생들을 끌어안고 생존을 위해 이리저리 밀려오는 파도를 헤치며 이를 악물던 젊은 날의 모습이 눈앞에 떠올랐다. 동생은 언제나 꿈을 꾸듯 먼 산을 바라보듯 따사롭고 부드러운 눈빛을 가진 아이, 매사에 느리고 느긋하며 연약하기 그지없었다. 당장 손해를 보더라도 뭐든 거절을 못하는 착하고 순한 아이였다. 하지만 그녀는 집안이 어려울 때면 언제나 내 버팀목이 되어주곤 했다.

우리 자매가 겪은 역경과 고통은 한 편의 드라마 이상의 것이리라. 이 끝없이 넓고 짙푸른 바다 위에 떠 평화로운 마음으로 호사스런 자리에 앉아 있음이 진정 현실일까? 으스스한 차가운 봄비 내리던 피난지 부산의 병실 구석에서 꺼져 가는 불씨 같은 어머니 병상에 기대어 그녀와 내가 냄비 속에 남은 두 개의 감자로 하루의 끼니를 때우던 그때가 꿈속이었을까? 인간의 힘만으로 이뤄낸 거라곤 믿기지 않는 이 해후, 신비로운 느낌마저 지울 수가 없다. 우리는 어쩌면 지금 유리구슬같이 밝고 고운 꿈속 낙원에 와 있는 것이 아닌가 싶었다.

'눈에 눈물이 없으면 그 영혼에는 무지개가 없다.'는 인도 사람들의 말이 생각난다. 그렇다. 낮에 유리문 밖으로 바라본 무지개는 우리의 육(肉)으로 본 무지개라면 그녀의 눈망울에 비치던 무지개는 진정 영혼의 무지개가 아니었는지! 너무도 가슴 벅차고 목이 메어와 죽는 순간까지 잊지 못할 해후였다고 할까! '스타 크루즈'는 무지개의 꿈과 행복을 그득 싣고 어느새 화사한 불빛으로 반짝이는 알로하 항구로 소리 없이 다가가고 있었다.

2003. 1.

그 높은 은혜를 기리며
- (고) 심경 윤태림 선생님께 -

우송되어 온 누런 봉투에서 책을 꺼냈다. 『생각하는 삶, 행동하는 삶』 그것은 타계하신 심리학계의 큰 별, 심경 윤태림 선생님을 추모하는 제자들이 출간한 유고집이었다. 어떻게 내게까지 보내왔을까. 「보리는 밟아야 알이 영근다」, 「죽음의 예행연습」 그리고 「무제」「불심」 등등, 의아해가며 책장을 넘겨 가는데 어느 새 눈물이 흘러 나도 모르는 새에 책장이 얼룩졌다.

어느 해 늦가을, 모처럼 오페라 공연 표를 구했기에 세종문화회관에 갔다. 뜻밖에 그곳 정문 앞에서 선생님을 뵈었다. 손자들을 기다리느라고 서성이시던 모습이 내가 마지막으로 뵌 선생님이셨다. 신문 지상으로 비보를 접하고 중앙병원 영안실로 달려갔으나 하얀 국화꽃 한 송이 올리고 묵념으로 명복을 기원하는 일만이 허락된 문상의 전부였다. 살아생전에 차 한 잔 대접 못한 이 못난 제자가 마지막 가시는 길에 마음이라도 보낼 수가 있었으면 하는 간절함조차 가신 분의 뜻에 따른 '부의금 사절'로 막히고 만 것이다. 이제 홀연히 떠나신 선생님의 유고를 대하니 만감이 교차했다.

어언 30여 년 전의 일인 것 같다. 당시 대학 3학년이던 나는 교육과가 아니지만 선생님 강좌에 끌리어 몇 학기 계속해서 듣고 있었다. 그러던 마지막 학기말 경에 입원가료 중에 계시던 어머님께서 6개월 만에 세상을 떠나셨다. 6.25전쟁 중, 부산 피난 시절이라 약도 제대로 쓰지 못한데다가 주치의의 오진으로 불행이 닥친 것이다. 위독하신 어머님의 간병과 연이어 치르게 된 장례로 지칠 대로 지친 나는 학년 말 시험까지 놓쳤으니 학점이 모자라 졸업반에 진급 못할 게 분명했다. 어머님을 잃은 슬픔과 집안을 꾸려 나가며 일곱 동생들을 거느리고 어떻게 생계를 이을 것인지? 무엇보다 제대로 졸업하는 일이 최우선 돼야 하는데, 걱정이 눈앞을 가려 가슴이 터질 것만 같았다. 어쨌든 우리 온 가족의 생사가 이젠 오로지 나의 졸업 여하에 달린 절박한 지경에 이르렀다. 고민 고민 끝에 나는 윤 교수님을 찾았다. 그리고 논문을 써 내겠으니 학점을 인정해 주십사고 간청하며 매달렸다. 원칙주의자인 교수님은 일언지하에 거절하셨다. 두세 번 부탁하다 마지막엔 속에 박혔던 야속함이 터지고 말았다.

"선생님! 그 주치의의 아우가 누군지 아세요? 바로 윤태림 교수님이

세요. 저의 어머님 병을 오진하신 분이 형님이신 윤태권 박사님이에요!"
 나는 소리치듯 이 말을 하고 교수실에서 통곡했다. 선생님은 울부짖는 나를 한동안 말없이 바라보셨다. 그 후 나는 예정대로 졸업을 했고 우리 가족은 오늘에 이르게 된 것이다.

 이제 돌이켜 생각하면 선생님께 얼마나 철없고 무례한 짓을 한 것인지 내 스스로도 어이없고 한심스럽기까지 하다. 이런 터무니없는 제자에게 선생님은 계속해서 관심을 기울이시며 사랑과 격려를 아끼지 않으신 거다. 물론 겉으로는 늘 근엄하며 냉정해 보이셨지만. 선생님께 소속한 학과가 아닌 나에게는 선생님을 추모하는 일이 맡겨지지 않았고 도움도 못 되었다. 그러나 어느 제자 못지않게 애도하며 그리워하는 간절함이 가슴을 에어지게 했다. 아마도 누구 못잖은 두터운 사랑, 아낌과 정을 받았기에 이토록 하염없이 눈물이 쏟아지는 것이 아니겠는지.
 언젠가 고등학교 교장 발령을 받고 취임하던 날, 뜻밖의 전화를 받았다. 수화기를 들고 어리둥절한 나에게.
 "나야, 나 몰라. 윤태림." 다정한 음성이 울렸다.
 "어머, 웬일이세요. 어떻게 아시고?" 하는 나에게.
 "응, 내가 지켜보고 있어. 잘해, 응!" 하시며 뚝 수화기를 놓으셨다.
 자태이 주소나 전화번호를 여쭤보면 언제나 하시는 말씀이 "학교에다 연락하면 돼." 이 한마디뿐이시다. 이렇듯 쌀쌀하신 듯한 그분이 어느 때는 한 줄의 글을 띄워 주시기도 하셨다.

  선생님은 때때로 한발 다가서기 어렵도록 쌀쌀한 느낌도 주신다. 그것이 그분의 위엄이 아니었던가 싶다. 그런 반면 더 가까이하고 싶도록 만드는 온화함과 따사로운 훈기를 느끼게도 하셨다. 한마디로 제자들에게 아낌없이 주는 큰 나무셨다. 요즈음, 인생 90이라 하는데 좀더 살아 계시어 제자들에게 빛을 밝혀주셨으면 하는 아쉬움이 나를 더 슬픔에 젖게 한다. 가신 선생님의 귀인다운 깔끔한 풍모와 "잘해, 건강 조심하고" 하시던 음성이 귓가에 울린다. 불초 제자가 얼마나 존경하고 감사하고 있는지 감히 이 글로나마 그 영전에 삼가 바친다.
  불초 제자 올림.

1990. 4.

3부

눈길을 걸으며

하얀 눈이 내리던 어느 날 나는 태어났다. 어린 시절, 눈이 쌓인 하얀 겨울 길을 마냥 걷기도 했다. 철들어 6.25의 전란에도 눈 뿌리던 새벽, 1.4후퇴의 아픔을 겪었으며, 진눈깨비 쏟아지던 날 어머니와의 슬픈 이별, 어느 싸늘한 겨울 아침에 아버지마저 떠나신 지도 어언 50년이 흘렀다. 게다가 이젠 55년의 세월을 함께 나눈 나의 짝을 눈 속에 묻어야 했다. 세상이 끝장난 것 같았다. 하지만 나는 오늘도 이 깊어가는 겨울 속에 묻힌 아픈 이 길을 되돌아보며 삶의 조각들을 애처로운 눈빛으로 어루만져 본다. 아득한 나의 삶의 편린이여!

부칠 수 없는 편지

사랑하는 이여,

오늘도 전철역에 당도하자 나는 어김없이 승강장의 앞쪽에서 저 뒤 끝 지점까지 승객들 사이를 두리번거리며 누볐어요.

그 속에 혹 그대가 서 있지나 않을까, 몇 번이고 흐려지는 눈망울을 깜박이며 살피고 또 살펴보았어요. 어쩌다 뒷모습이 닮아 보이면 체면 불구하고 가로세로 휘젓듯 사람들 사이를 뚫고 다가가 봅니다. 끝내는 실망을 안고 돌아서기 일쑤지만.

내겐 아직도 그대가 뭔가 잘못되어 딴 곳에 가 계실 것만 같은, 그래서 내 곁에 보이지 않는 것 같은 심정을 지울 수가 없는 까닭이지요. 그 착각을, 아니 착시든 결코 포기할 수 없다는 한마음으로 되풀이되어 버릇이 되었나 봅니다. 사람의 물결, 그 많고 많은 사람들 속엔 낯선 노인들뿐, 그대 모습은 찾을 길이 없었습니다.

사랑하는 그대여! 이제 사랑이란 말은 너무 가벼워진 느낌입니다. 내 믿음이 부족한 탓이라고 너무 나무라지 말아 주세요. 아직은 믿어지지 않는 꿈결 같기만 하니까요.

어느덧, 이 해도 입추가 지나 칠석날, 그리고 처서가 다가와 가을을 재촉하고 있어요. 가는 여름이 아쉬운 듯 밤낮으로 울어대는 을씨년스런 매미 소리가 더욱 서러움과 서글픔을 보태줍니다. 어디 그뿐인가요. 우리가 즐겨 바라보던 12층, 확 트인 창 넘어 탄천가 산기슭의 울창한 숲의 푸름도 녹즙보다 더 짙은 진초록이 되어 그대 향한 그리움을 짜낸 진액인 듯합니다. 바로 그 숲 밑에서 허리를 굽혀 함께 알밤을 주우며 탄성을 올리던 여러 해의 가을 추억이 시리도록 가슴을 파고들어 잠을 설치곤 하는군요.

나의 그대여!
엊그제, 우리들의 사랑스런 손자 둘이 미국서 돌아왔어요. 또 그리도 걱정하시던 며늘아기의 어려운 학위도 통과되었고, 작은아들은 『대한민국에 건축은 없다』란 파격적인 책을 냈답니다. 게다가 사위는 중한 직책을 더 연장받아 직무에 충실하고, 나 또한 생각지도 않은 작은 상 하나 받았기에 그대가 옆에 계셨다면 얼마나 흐뭇한 웃음으로 함께 기뻐했을까요.

부칠 수 없는 편지　99

어디선가 보고 계실 나의 그대여.

나 당신이 바라듯 제대로 살고 있는 거 맞지요?

유난히 깔끔하고 올곧은 성품의 사람이여!

이 저녁 사무치게 그리워지는 그대의 사진 앞에 아쉬움 담아 빨간 꽃 한 송이 더 꽂았습니다.

다가오는 칠석날, 우리 꿈속일지라도 만날 수 있기를 기원하면서 보고 싶은 그대에게 이렇게 부칠 수 없는 편지를 씁니다.

2013. 8.

눈길을 걸으며

27년 만의 혹한이라더니, 영하 10도가 넘는 강추위가 연일 계속될 뿐 아니라 이틀 건너 펑펑 내린 눈으로 세상은 온통 백색 너울을 썼다. 노인들은 외출을 삼가하라는 경고가 수시로 방송을 타고 흘러나온다. 하지만 나는 어제도 외출했고, 오늘도 나가야 하고 또 내일도 이미 약속한 일로 나들이를 할 수밖에 없다. 그래도 이렇게 나다닐 수 있다는 것이 스스로 고맙고 대견하다.

전철역에서 나의 아파트까지는 걸어서 약 15분 거리인데, 네 갈래의 길로 나눠져 있다. 아파트 단지를 통과하는 길은 언제나 깔끔하게 정돈이 된 편안한 길이다. 또 눈이 내리는 대로 싹싹 쓸어내어 언제나 안전하게 걸을 수 있는 길도 있다. 또 다른 길은 가로수 그늘로 해가 비치지 않아서인지 침침하여 마음마저 그늘지는 듯했다. 그러다 보니 늘 발길이 지나치곤 하는데, 그 반대쪽은 더러 그늘지긴 하지만 완만한 곡선을 그리듯 뻗어 있어 어쩐지 마음에 끌리는 가로수 길이다. 나는 쌓인 눈을 밟으며 그 길을 걷는다. 자박자박 발걸음 소리가 활력 있게 리듬을 타고 온몸에 울리는 듯하다. 새해, 새 정부가 밝아올 것 같다는 예감에서일까. 하지만, 혼자 걷는 길은 결코 즐겁거나 기쁜 일일 수 없다. 한발 한발 떼어 놓는 걸음마다 절절한 그리움이 가슴 가득히 번져 온다.

바로 엊그제 같은 지난날, 두툼한 외투를 입은 그의 팔짱을 매달리다시피 끼고 깔깔거리며 걷던 그 눈길. 우리가 함께 즐기던 그 가로수 길에 접어들면 나는 불러도 대답 없는 그를 향해 목 놓아 소리쳐 본다. 그의 마지막 모습이 떠오른다. 사랑하는 가족을 두고 차마 놓을 수 없는 삶의 끈을 부여잡고 안간힘을 쓰던 안타까운 몸짓. 통곡의 눈물이 소리 없이 가슴을 적시며 넘쳐난다. 누가 내 속을 알 수 있으랴. 눈꽃으로 만발한 길은 여전히 그때와 다름없이 오늘도 하얀 미소를 머금고 상냥하고 평화로운 얼굴로 나를 비춰준다.

문득 '이것마저도 행복하고 감사한 것이 아닐까!' 혼잣말처럼 되씹어 본다. 누군가 말했듯 '세상은 보는 대로 있고 또 어떻게 보느냐 하는 것은 자신의 책임이라' 하지 않는가. '그래 오늘 살아 있음을 감사하자' 나는 자신에게 타이르듯 끄덕인다. 화사했던 봄날에는 분홍 꽃비가 팔랑팔랑 우리의 발길을 멈추게 한다. 마치 힘겨운 역경을 이겨내고 오늘에 이른 노고를 치하하여 내려주는 보상인 듯 나풀거리며 꽃길을 꾸며준다. 톡톡 튀는 버찌의 보라색 물빛이 바짓자락을 물들일까 조심스러워 뒤꿈치를 들고 띄엄띄엄 걸었고, 단풍 든 낙엽이 으스스 쌓여 파삭거리면 이곳은 우리에게 인생의 가을을 이야기하는 낭만이 깔린 길이 되기도 했다. 흘러간 시간 속에 흰 눈 위에 찍힌 내 발자국은 내가 지나온 삶의 뒤안길로 이어진다. 눈 내리는 겨울에 새겨진 나의 삶의 마디마디를 되씹어 본다.

하얀 눈이 내리던 어느 낮 나는 태어났다. 어린 시절, 눈이 쌓인 하얀 겨울 길을 마냥 걷기도 했다. 철들어 6.25의 전란에도 눈 뿌리던 새벽, 1.4후퇴의 아픔을 겪었으며, 진눈깨비 쏟아지던 날 어머니와의 슬픈 이별, 어느 싸늘한 겨울 아침에 아버지마저 떠나신 지도 어언 50년이 흘렀다. 게다가 이젠 55년의 세월을 함께 나눈 나의 짝을 눈 속에 묻어야 했다. 세상이 끝장난 것 같았다. 하지만 나는 오늘도 이 깊어가는 겨울 속에 묻힌 아픈 이 길을 되돌아보며 삶의 조각들을 애처로운 눈빛으로 어루만져 본다. 아득한 나의 삶의 편린이여!

나는 지금 이 그리움이 박힌 눈길에서 조심조심 발걸음 옮기며 그 발자국 속에 소중한 기도를 담아 한 걸음 한 걸음 내일을 향해 걷고 또 걷고 있다. 어디가 끝일까. 끝없이 펼쳐진 하얀 설원(雪原)은 영화 「닥터 지바고」의 끝없이 광활한 설원의 웅장한 장면이 떠오른다. 절망감속에 애절하고 침통한 사랑의 울부짖음, 하나, 거기에 새로운 생명을 잉태하는 무한한 힘과 열정을 느끼게 하던 가슴 벅찬 감동이 배경음악과 함께 솟구쳐온다. 마치 지금 나에겐 이 눈길이 마음의 고향처럼 포근함을 안겨준다. 만물이 숨죽이고 침묵하는 겨울. 단호하듯 얼어붙은 차가운 이 계절 속에는 내 삶의 흔적과 함께 부드럽고 청순하고 온화한 눈이 있기에 나는 이 겨울을 더욱 사랑하게 되었는지 모른다. 특히 눈꽃은 우리에게 꿈과 희망과 그리움, 그리고 아름다움을 안겨주는 꽃 중의 꽃이라고 부르고 싶다. 눈은 겨울이 지니는 미덕이요, 선물인 것처럼 내 삶의 줄기(?) 길목에도 풍성함과 포근한 위안으로 기적처럼 다가오는 것 같다. 그러기에 삶의 허망함 앞에서도 나를 다시 일으켜 세워 무엇인지 모를 힘에 이끌려 또 이 길을 걸을 수 있게 만드는 것이 아닐는지.

  집으로 가는 길, 우리가 선택해 더불어 걸어온 오직 한길을 그가 없는 지금도 고집하며 나는 홀로 걸어간다. 그것은 내가 택한 나의 길이고 나의 인생이며 운명이기 때문일 거다. 잠시 멎었나 싶더니 다시 눈발이 흩뿌린다. 멀리 보이는 산기슭에 얼어붙은 나목의 가지에도 하얀 꽃이 살포시 내려앉아 속속들이 감싸 안고 포근히 여며준다. 뚫어진 내 이 가슴도 따사한 눈꽃송이로 메워지려는 걸까.
  눈발 흩날리는 하늘을 우러러보면 잔잔한 그리움이 무리지어 떠나간 임의 그림자인 듯 눈앞에 아른거린다.

2012. 3.

민들레꽃 사연

왜 갑자기 한겨울에 민들레가 떠올랐을까! 참 신기한 일이었다. 그리고 흙바닥에 바짝 붙어 펼친 민들레의 파란 잎사귀와 노란 꽃송이가 눈앞에 어른거렸다. 나도 그렇지만 몇 해 전 떠난 남편도 살아생전 각별히 민들레를 좋아하거나 얽힌 인연도 없었는데.

멍하니 흰 눈 덮인 산기슭을 되돌아보았다. 그의 유골을 묻고 돌아선 그 선산의 언덕바지가 안개 낀 듯 뿌연 것은 나의 침침한 시력 탓만이었을까. 몇 번을 돌이켜 생각해도 꿈만 같았다. 흔히 잡초의 대명사인 민들레는 겨울에 땅속의 뿌리만 살아남아 이듬해 산 중턱 양지바른 곳이나 시멘트의 갈라진 사이라도 비집고 나와 꽃을 피우는 강한 생명력을 가진 여러해살이 풀이다. 겨우내 꽁꽁 얼어붙어 폭삭 숨죽은 길섶의 들풀조차 때가 되면 싹이 트고 다시 태어나는데, 사람은 한 번

죽으면 다시 살아나질 못하니, 한낱 이름 없는 잡초만도 못한 인생이 련지! 그럼에도 인간을 만물의 영장이라 이르는 까닭은? 그렇지. 인간은 헤어진 후에도 그리움 속에 다시 피어나는 사랑의 영원성 때문일까!

시인 조지훈은 「민들레꽃」에서 애처로운 그리움, 아쉬운 사랑을 노래한 것 같다.

> 까닭 없이 마음 외로울 때는/ 노란 민들레 꽃 한 송이도/
> 애처롭게 그리워지는데/ 아 얼마나한 위로이랴/
> 소리쳐 부를 수도 없는 이 아득한 거리(距離)에/
> 그대 조용히 나를 찾아오느니/ (후략)~

흐려오는 세월의 눈시울에 원색의 아픔을 씹으며 보고 싶은 얼굴을 민들레 노란 꽃으로 불러본다.

먼 옛날, 어느 산골에 민들레라는 이름의 아씨가 낭군이 전쟁터에서 전사하여 그 슬픔을 이기지 못해 산골짜기에서 낭군 이름을 부르며 죽게 되었단다. 그 후 그 두 사람이 사랑하며 다니던 산속 곳곳에 노란 한 송이 꽃이 피어나니 동네 사람들이 슬픈 민들레가 꽃으로 피어났다며 전설로 이어졌다고 한다. 해서 민들레의 꽃말도 '내 사랑 그대에게' '행복' '이별이에요' '감사의 마음'이라고 한다.

그런 연유에설까. 한겨울, 그의 죽음 앞에 불현듯 '민들레'가 떠오른 것은. 이별로 못다 한 사랑을 남긴 우리. 민들레처럼 서러워해서일까.

민들레꽃은 그와 나의 안타까움을 이어주려는지. 차라리 노란 가슴 하얀 솜털 홀씨 되어 천 갈래 바람에 날리고 싶어라.

2014. 5.

55주년을 그렇게 보내다니!

그 사람은 진정 소설처럼 만나 소설처럼 떠나 버렸다. 내겐 잠시 꿈속을 함께 걷다가 갑자기 사라져버린 것 같은 느낌이랄까. 아니다, 뭔가 잘못된 것 같아 한동안 멍하니 제정신을 차릴 수가 없었다. 이건 아니다, 어떻게 이럴 수가 있을까.

"보세요, 우리가 회혼까지는 욕심 못 낼 것 같아요. 앞으로 살아야 2~3년이니, 올해는 애들한테도 이야기해서 멋진 이벤트가 되었으면 좋겠어요."

"응, 좋아. 그렇게 해."

두 사람은 의외로 쉽게 합의했다. 평소 같으면 '검소하게 하지.' '간단하게 하자'는 등 토를 달거나 경고조의 조언을 곧잘 하는 사람인데. 어째 쉽사리 공감을 해줬을까? 하면서도 고마웠다. 하긴 의미 있는 날이니까 하고 혼자 마음을 정리했다. 우리집은 해마다 크리스마스 날은 특별히 좋은 곳에서 온 가족이 모여 즐기며 기쁘게 하루를 지내곤 했다. 그럴만한 이유도 충분했고. 전날인 24일은 딸과 작은 며느리의 생일이고, 다음 날 25일은 성탄절, 그다음 26일은 우리의 결혼기념일이고 보니 3일 연속되는 축하를 25일 하루에 몰아서 합동으로 같이 치러 온 터다. 하나, 올해는 특히 우리의 결혼 55주년이 되는 날이니 더욱 멋진 이벤트로 온 가족이 기쁨을 함께하고 싶다는 생각에서 자식들도 준비를 서둘렀다.

그 시절, 내 수중에는 아무것도 없었다. 돈이 없으면 식구라도 적어야 할 텐데. 조실부모한 어린 동생들이 일곱이나 줄줄 달린 나는 처녀 가장이었다. 거처라곤 6.25전란으로 폭격에 무너지다만 빈집에 가마니로 거적때기를 깔았고 문짝도 가마니를 매달아 바람막이로 삼고 피난지 부산에서 식구들을 이끌고 상경한 것이다. 부산에서 어머님을 여의고 홀로 되신 아버님은 실직으로 생활력이 없이 전전하시고 무엇을 어떻게 헤쳐 살아나갈지 참으로 막연하고 한심한 지경이었다.

어느 해 가을, 부산행 열차를 부득이 무임승차를 하게 된 친구와 나를 우연히 만난 청년, 그 청년은 우리의 벌금을 대납하게 되어 나와의 인연이 시작 되었다. 다행히도 나는 직장이 있기에 어찌어찌 식구들을 굶기지는 않았고, 대납해 준 돈도 봉급날 약속된 장소로 나가 갚을 수가 있었다. 그 후, 그 청년과는 몇 번 만나기는 했다. 그는 매우 온화하고 부드럽고 착한 사람으로 좋은 집안 출신으로 보여 호감은 갔지만 내 사정이 결혼할 형편이 못 됨을 숨김없이 털어놓고, 더 이상의 만남을 거절했다.

그러고 나서 서울로 직장이 옮겨진 나는 동생들을 데리고 상경했다. 그와는 연락도 두절되어 오히려 안도의 숨을 쉬었다. 너무 부담스런 상대라는 느낌과 동생들 공부를 끝낼 때까지는 절대 결혼을 할 수는 없다는 내 자신과의 다짐 때문이다. 한데, 어느 날 그가 뜻밖에도 전근한 학교로 나를 찾아온 것이다. 그때부터 거의 2년 동안 끈질긴 그의 설득이 시작되었다. 이것이 바로 인연이라는 것인지도 모르겠다. 나는 극구 피하려 했으나 결국 손을 들고 만 것이 나의 오늘이 있는 까닭이지만.

"왜 그 어려운 길을 혼자 가려고 하느냐. 둘이 맞들면 훨씬 짐이 가벼워질 텐데. 나를 못 믿느냐?"

그의 말은 진지했고 그의 열정은 고난으로 얼어붙은 내 가슴을 녹이기에 충분했다. 나는 그에게 후회하지 않겠는지를 몇 십 번 다짐받고 또 확인한 끝에 오랜 나의 결심을 뒤엎게 된 것이었다.

1955년, 나는 직장에 행여 폐가 될까 하여 겨울방학에 들어가는 12월 26일을 택하여 결혼식을 올렸다. 당시 졸업논문으로 인해 친숙해진 이태영(李兌榮) 변호사님의 말씀으로 부군이신 정일형(鄭一亨) 박사께서

주례를 서주시게 되었다. 박사님은 '어쩌면 우리가 결혼한 날 주례를 서게 되었다.'며 여간 기뻐하시질 않으셨다. 그것이 또한 인연의 고리가 되어 공무원이던 그는 국회의원이신 정 박사님을 도와 국회에서 거의 7년을 모시게 된다. 그렇게 하여 어렵사리 결혼한 우리는 반세기가 지나는 동안 산전수전 겪으며 최선의 노력으로 동생들과 우리 자식들을 모두 거느리며 함께 살아온 것을 감사한다. 어머님 돌아가시고 손가락 빨며 "언니, 나 어떻게 누구와 살아?" 하며 울부짖던 일곱 살 막내 여동생도 이젠 딸 둘을 모두 시집보냈고 막내아들도 대학 졸업 후, 취직을 했다. "아! 이젠 다 잘 끝났구나." 하며 안도와 감사를 하면서 가장 기뻐한 것은 누구보다 동생들의 형부인 바로 남편이었다.

2010년 가을, 서울 고등학교 운동장에 한 기념비가 우뚝 세워졌다. 「서울고 동문 6.25 참전 기념비」다. 거기에 제4회 졸업생인 바로 밑 남동생 이름 석 자가 뚜렷하게 새겨졌다. 열여섯 어린 나이에 자진 참전하여 불귀의 객이 된 것을 이명박 정부의 배려로 군번을 찾아 '국가 유공자'로 인정, 명예 졸업장도 수여 받아 영광스러운 마무리를 해 줄 수가 있었다. 이때도 남편은 '이토록 명예롭게 되어 정말 기쁘다.'며 눈물을 흘리며 좋아했다. 이래저래 아름다운 끝을 보는 것 같아 우리는 무척 흐뭇해하며 이 해가 그렇게 무사히 저물어 갈 것이라고 생각했고, 이틀 후면 결혼 55주년의 뜻깊은 그날을 막 설레며 기다리던 때이다. 23일 콧물감기처럼 시작한 남편의 병은 다음 날, 갑자기 치솟은 고열로 응급실을 찾았다. '급성폐렴'이라는 진단으로 산소마스크가 끼워진 채, 아무 말도 못하고, 순식간에 의식조차 가물가물한 상태가 돼버렸다. 기다리던 그날은 상상도 못한 다급한 상황으로 그렇게 채워지고 말았다.

나는 뜨거운 눈물을 삼키며 "이건 아니야. 이렇게 보낼 수는 없어! 아니야!" 허공에 소리쳐 보았지만 그뿐이었다. 그 사람, 남편은 힘없이 헐떡이는 나를 가엾게 여기신 하늘에서 보내주신 수호천사가 아니었을까.

2011. 4. 20.

변신과 처신의 변

 슬며시 눈이 떠졌다. 몇 실까? 무슨 요일? 잠에서 덜 깬 몸이 먼저 반응한다. 아~ 느긋한 주말 아침. 밝고 상쾌한 햇살이 반갑고 고맙다. 살짝 열린 방문 사이로 막내 손자가 그려준 10년 넘은 보랏빛 나팔꽃이 빙그레 눈을 맞추며 미소 짓는다.
 '안녕~' 인사하며 나의 하루가 열린다.

 두 해 전만 해도 아침이 싫고 무서웠다. 밤마다 잠자리에 들면 그대로 그냥 눈감아 버렸으면 했다. 아무것도 손에 잡히지 않았다. 찻잔 하나 치울 힘이 나질 않고 살고 싶지 않았다. 55년이나 함께 하던 짝을 잃은 허망함은 솔직하게 그런 것이었다. 각별히 살가운 사이도 아닌, 그저 그런 사이였을 뿐이며 누구나 만나은 반드시 헤어진다는 회자정리(會者定離)의 당연한 이치며, 부부간의 사별이 인생에서 가장 큰 스트레스가 된다는 등 머리로는 잘 이해하는데, 갑자기 무기력, 우울증이라 할까! 이어 신체의 반항이 시작했다. 소화불량, 감기몸살, 안질, 방광염 등을 앓았으니. 그렇다고 내 심정이나 변화를 뉘게 알리거나 내색 하기도 싫었다. 어떻게 처신해야 할까? 암울하고 한심했다.

초등학교 1학년 때다. 학부모 참관 일이던 날, 수업시간에 부모님들이 오셨다. 애들이 뒤돌아보며 웅성거렸다. 나는 엄마에게 잘 보이려고 뒤돌아보고 싶은 마음을 억누르며 선생님 쪽만 집중했는데, 집에 돌아간 내게 엄마는 "인정머리 없는 애, 엄마를 돌아보지도 않더군!" 하시질 않는가. 어린 마음에 억울하고 슬퍼 몰래 눈물을 훔치며 홀로 야속함을 삭힌 일이 있었다. 처신의 어려움은 아마 그때부터 어렴풋이 느꼈는지 모른다.

또 잊을 수 없는 1994년 10월 21일. 서울의 성수대교가 무너져 우리 학생 8명이 희생되었다. 당시 전교생의 절반쯤이 그 다리로 등하교하던 때였다. 그나마 그 수가 적어 불행 중 다행이라 하겠지만, 그때의 경악과 충격은 20년이 흐른 지금도 떠올리기 싫다. 희생된 것은 고교 1, 2학년생 7명에 3학년생 1명이었으나 그 유족들은 평생 자식 잃은 멍에를 안고 눈물로 살 테니 얼마나 가슴 아픈 일인가. 미처 펴보지도 못한 꽃봉오리들이 무슨 잘못이 있어 억울한 죽음을 맞아야 했나! 너무도 분통 터지고 애석하여 교장인 나도 꼭 죽어야 할 죄인 같아 어찌 처신해야 할지 몹시 괴로웠다. 이토록 처신을 바로 한다는 일이 얼마나 어려운 것인지 두고두고 잊히지 않는다.

남편을 떠나보내고 세월의 흐름 속에 멍하니 맥 빠져있던 어느 날. 문득 자신의 딱하고 한심한 모습에 서글퍼졌다. 상상조차 할 수 없던 초라한 몰골. 가신 분도 내게 그리 바라지는 않을 터! 적어도 남의 짐은 되지 않아야지! 장성한 자녀에게 짐이 될 수는 없다. 이래서는 안 돼! 제대로 처신하자면 스스로 변신해야 했다. 변신이란 평소 해오던 자신의 생각과 태도, 습관, 생활방식 등을 탈피하여 남을 의식하지 않되 도리에 어긋남이 없는 한, 자기중심적 방식으로 살려는 것이다.

얼핏 1960년대, 새마을운동의 교관이던 시절이 떠올랐다. '그렇다, 바로 이때야말로 내게 필요한 건 그것이지!' 하는 생각이 번득였다. 그 교육 저변에는 '생각을 바꾸자! 생각이 행동을 낳고, 행동이 습관을 낳고, 습관은 성격을 낳고, 성격은 운명을 바꾼다.'는 스티븐 코비(Stephen R. Covey) 박사의 철학이 깔려 있었다. 그래, 생각이 행동을 낳게 해야 한다. 몸을 가다듬으려 생각했으면 행동으로 옮겨야 한다. 우선 운동부터 시작하자! 내게 맞는 운동은? 동사무소 문화교실을 찾았다. 인터넷으로 등록을 해야 하는데, 나이가 많다고 탈락되면 어쩌나, 걱정 끝에 10년을 줄여 '한국 춤'을. 한데, 개강 시에 주민등록증을 본 사무직원은 본인 것을 내라고 재촉하질 않는가

"왜요? 본인 건대요."

아뿔싸! 우울증을 탈피하려 단단히 맘먹고 탈락될까 봐 10년 줄인 것이 탄로 났구나. '한국 춤'은 생각보다 쉽지 않아 며칠 만에 건강은커녕 되레 몸살이 나서 심신이 무겁게 가라앉고 말았다. 무엇하나 호락호락한 것은 없고, 안간힘을 쓰지만 쉬운 것은 없었다. 누군가 '라인댄스'가 흥미롭고 건강에 도움이 될 거라며 권해 왔다. 가슴에 뭉친 우울의 덩어리를 녹일 수가 있을까? 80을 넘은 고령에 평생 해보지 못한 '댄스'라니? 다리라도 삐끗하여 병원 신세를 진다면 자식들에게 어찌 낯을 들랴? 별별 걱정이 앞서 난감했다.

젊어서도 가정과 직장을 양립과 시댁과 친정, 직장과 가정, 등 얼마나 사방의 눈치를 살피며 실수 없는 처신을 위해 애써 왔던가! 한데, 나이 들어 남의 눈살 찌푸리는 시선을 받기란 더더욱 싫다. 그러나 이젠 남의 눈치에서 조금쯤 자유로워지자. 내 몸부터 바로 서야지! 갈등했다. 나는 변신을 거듭하며 적응하려 노력했다. 생각을 바꾸니 몸은 놀라울 정도로 정직하고 정확하게 반응해 준다. 마음이 행복하고 즐거워야 몸이 건강해질 것이 아닌가. '라인댄스'의 경쾌한 음악이 흘러나오면 그에 맞춰 몸이 저절로 리듬을 탄다. 재미있다. 내게도 이런 '끼'가 숨겨져 있었다니.

평생 댄스라곤 해본 일 없는 몸이 원을 그리며 날렵하게 넘실거리면서 율동을 한다. 예상치도 못했던 아름다운 세계가 가슴에 펼쳐진다. 작품마다 새롭고 흥겨운 음률과 동작들. 비록 어설프긴 하지만 그 속에 어느새 활기찬 삶의 힘이 꿈틀거린다. 마음속에는 언제나 아름다운 음악이 흐르고 몸과 마음이 되살아남을 느낀다.

인생의 석양에 다다라 이토록 아름다운 세계를 맛볼 수가 있다니! '삶은 신비요, 축제'라고 한 테레사 수녀님의 말이 가슴에 와 닿는다. '나 잘 살고 있는 것 맞지요?' 허공을 향해 소리치고 싶다.

2014. 12.

숲에서 띄우는 편지

친구여, 어서 오세요. 숲으로!
 누군가 숲은 '녹색의 현자(賢者)' 또는 '치유의 신'이라고 했지만 무엇보다 숲은 '모든 존재의 근원'인 '어머니의 품'과 같지요. 그러니 모두 숲으로 와 자애롭고 포근한 어머니 가슴에 안겨 보세요.

 녹음이 짙어가는 유월의 싱그러운 숲에서 상냥한 초록요정들과 입맞춤하듯 너도나도 가슴 가득히 초록사랑을 해보세요. 숲에 들면 아무 말도 필요 없어요. 그냥 눈을 감고 편히 숨을 쉬면 돼요. 숲속에는 푸른 풀빛이 고요히 흐르고 바람소리, 물소리, 새소리, 벌레소리, 햇살이 반짝이는 소리, 꽃과 나비의 향기로운 숨소리들의 초록합주가 은은하게 우리의 영혼을 흔들어 깨워 안정감과 활기를 솟구치게 해준답니다.

 몇 해 전의 일이에요. 그날 나는 답답한 가슴으로 '숲 체험' 일행에 끼어 충남 오서산 자연휴양림 숲에 다다랐어요. 당시 내 마음은 천안함 침몰, '나로호' 발사 실패가 준 충격과 당혹감의 무게로 억눌려 있었어요. 내가 당한 것도 아닌데, 왜 이러지! 어이없었지만 내 맘은 아프고 침울했어요. 맑은 계곡의 물소리도 풀꽃들의 아름다운 속삭임도 느껴오지 않았어요. 한데, 문득 상큼한 숲속 내음이 코를 스치는 순간 '아! 내가 여기에 살아 있어' 하는 벅찬 감동이 차올랐어요. 그리고 쌓였던 갈등이 삽시간에 거품처럼 사라져 어느새 나는 평온한 심정으로 바람과 함께 날개를 달고 숲을 누비고 있었어요. 참으로 신기한 체험이었어요.

친구여! 내 말 믿고 모두 숲에 와보세요. 황량한 사막에서 불어온 황사 바람과 공해로 가쁜 숨 몰아쉬며 허덕이는 친구여! 숲엔 맑고 싱그러운 숨결이 있어 오염된 속살을 말끔히 씻어주지요. 좌절 겪어 희망 잃고 배회하는 이들, 별빛 그리며 외로움에 떠는 사람들, 병마에 시달려 심신이 지친 벗들, 역경에서 멍들고 한 맺힌 나그네여! 우리 모두 아낌없이 주는 '어머니의 품, 숲'으로 어서 와보세요!

숲은 모든 것을 품고 포근하고 따사한 손길로 우리의 영혼의 갈증을, 허약해진 심신의 상처를 보듬고 회복시키는 안식처에요. 그리고 숲속의 모든 생물을 받쳐주는 흙은 숲의 무태이고 보고(寶庫)지요. 또한, 숲에서 흐르는 물은 모든 메마름을 촉촉이 적셔 새싹이 돋아나듯 고난에 빠진 모든 이의 심신에 생기와 활력을 불어넣어 새롭고 향기로운 발상의 날개를 돋아나게 할 것이에요.

 언젠가 누구나 돌아갈 내 영혼의 고향인 숲, 어머니의 품인 숲! 우리의 젖줄이고 생명의 모태인 이 소중한 숲, 우리를 조건 없이 보듬어 주는 숲. 우리도 숲을 보듬어 줘야 하겠지요. 언제까지나 푸르게 살려야지요. 숲이 살아야 지구가 살고 또 우리가 잘 살 수 있을 테니까요. 친구여! 모두 숲에 와서 초록 사랑에 잠겨 보세요. 유월의 울창한 숲 속에서.

2015. 6. 3.

남편의 털신

그해 겨울은 유난히 추위가 기승을 부렸다. 12월 12일, 일요일 그 날은 갑자기 기온이 영하로 뚝 떨어졌다. TV에서는 한파가 몰려오니 노인들은 외출을 삼가고 감기를 조심하라며 국민건강을 위한 경고를 간간이 보내고 있다.

오전 10시 무렵이다. 남편이 두꺼운 코트를 걸치며 방에서 나왔다. 놀란 나는 황급하게 물었다.

"아니, 이리 추운데 어딜 가시려고요?"

"응, 모란시장 구경하려고."

"왜 하필 이렇게 추운 날 뭘 사시려고요?"

대답도 안 하는 그를 나는 더 이상 만류하지 않았다. 평소 한번 마음먹은 것은 꼭 관철하고야 마는 그 성격을 잘 알고 있기 때뮤이다. 아무리 말려도 당신 고집대로 하는 분이니 마음 편히 하고 싶은 대로 맡기는 것이 상책이었다. 나는 아파트 문을 나서는 그에게 감기 들지 않도록 마스크도 하고 조심해서 빨리 다녀오라는 신신당부로 배웅했다. 모란시장에 갔던 그는 정오가 될 무렵 검은 비닐 주머니 하나를 손에 들고 집에 왔다.

"여보, 이것 좀 봐요"

하고 소리치는 그의 목소리는 밝았다. 뭔가 횡재라도 한 것일까. 주머니에서 꺼내 든 것은 남자 털신 한 켤레였다. 그걸 내 눈앞에 갖다 보이며.

"안에는 털이 바닥까지 깔렸고 신발 바닥은 홈이 패어있어 눈길에서도 미끄럼방지가 될 거야. 게다가 값도 저렴하고 가벼워서 좋아."

하며 잘 샀다는 자랑이 이만저만이 아니다.

"그러게요. 어떻게 그리 마음에 딱 드는 게 있었지. 잘 사셨네."

점심상을 차리다 말고 신발을 받아든 나는 신발 바닥까지 뒤집어 보며 함께 맞장구를 치면서 정말 다행스런 일이라고 생각했다. 올겨울은 예년에 비해 추위가 심할 것이라는 기상예보가 연일 보도되고 있는데다 작년 봄 폐렴을 두 달간 앓은 탓인지 지난겨울부터 더 추위를 타는 것 같아 걱정되던 터다. 성격이 까다로워 아무리 좋은 것이라도 당신 마음에 들지 않으면 밀어내기 때문에 아무것도 장만해 드리지 못하고 있었다. 게다가 이틀 후인 14일에는 내가 무릎관절의 연골 수술로 병원에 입원키로 예약이 된 상태였다. 몇 해 전까지만 해도 아무리 추운 겨울에도 장갑 끼기를 싫어했고 털신이란 생각조차 못한 사람이었는데. 흔히 '세월을 당할 장수가 없다'더니, 이젠 80여 년의 세월 앞에 장갑도 따뜻하고 부드러운 것만 찾고 털신까지 당신이 직접 챙겨 사 들고 오게 되다니. 혼잣말처럼 흘러간 세월의 갈피를 더듬듯 창문 너머 먼 하늘가를 물끄러미 바라본다.

드디어 내가 수술받는 날은 다가왔고, 추위는 누그러들 줄 모르고 이어졌다. 우리나라 겨울은 원래 삼한사온이란 특색이 있다고 교과서에도 나와 있건만, 몇 해 전부터인지 그 원칙이 사라진 듯 삼일 춥고 사일은 따뜻함과는 무관한 상황이 되어 버렸다. 온풍기로 후끈하게 난방이 된 병실에는 수술받은 나를 포함해서 10명의 환자가 두 줄 침대에 가지런히 누워 있다. 간간이 보호자들이 점심시간을 활용하거나 퇴근 후, 환자를 보살피려 다녀가곤 했다. 나는 찾아온 남편에게 손을 내밀며 나무라듯 말을 건넸다.

"이 추운데 뭣 하러 하루에 두 번씩이나 와요. 한 번만 오세요. 따뜻하고 편한 시간에요."

"당신이 없으니 할 일도 없는데 뭐. 오는 건 내 마음이지. 털신은 괜히 산 줄 알아?"

"알았어요. 알았어. 하지만 감기 들까 봐 그러지요."

"걱정 마. 내가 당신보다 강해. 신발도 따뜻하고 마스크도 하고 다니는데 뭘!"

수술은 간단했지만 후유증은 생각보다 심했다. 계속되는 통증 때문에 3~4일 더 병원 신세를 지기로 한 날이다. 점심때가 지나서 병원을 찾은 남편의 안색이 그날따라 유난히 창백하게 보여 걱정스러웠다.

"어디 안 좋아 보이네요."

"응, 콧물이 흐르는데. 감기인가 봐."

"거봐요. 조심하시지 않고."

하긴 감기가 조심한다고 피해 가는 건 아닌 것 같았다. 내가 이렇게 병원에 누워 있으니 감기 든 남편을 돌볼 수 없어 미안하고 안타까웠다.

"오늘은 그만 집으로 돌아가서 약 먹고 따뜻하게 푹 주무셔야겠어요. 나도 조금씩 나아지고 있으니, 맘 놓으시고 어서요."

"응, 알았어."

그를 재촉하듯 절뚝이는 다리를 끌다시피 일어나 외투를 걸치고 그의 손을 꼭 잡고 병원 문밖까지 함께 나왔다. 택시를 잡아 태워드릴 심산이었으나 차는 길 건너편에서 잡아야 되니 하는 수 없어 나는 만원짜리를 꺼내서 남편 손에 쥐여 드렸다.

"꼭 차를 타고 가셔야 해요, 이따 내가 전화할 테니 푹 주무셔요."

그것이 두 사람의 마지막 대화가 될 줄 누가 알았겠는가! 왠지 불안한 느낌이 든 나는 O병원에 근무하는 며느리에게 '조퇴하고 집에 가서 아버님 병세를 봐 드려야겠다.'는 기별을 넣었다. 그게 아마 오후 2시 반 경이었나 보다. 6시가 좀 넘어 연락이 왔다.

"열이 있으셔서 ○병원 응급실로 모셔왔으니 걱정하지 마세요. 우리 두 집이 모두 함께 아버님 옆을 지키고 있으니까요."

그리고 혹 하루 이틀 새에 병실을 배정받으면 어머니를 모시러 온다고 했다. 다음 날, 아침 일찍이 두 아들이 차를 몰고 나를 데리러 왔다.

"엄마, 어떤 일이 있어도 놀라지 마세요."

아들의 낯선 당부를 들으면서 초조하게 향한 곳은 바로 병원의 중환자실이었다. 산소마스크를 끼고 있는 그의 병명은 '급성폐렴'이라고 했다. 너무도 놀랍고 어이없어 나는 할 말을 잃었다.

주인 잃은 털신이 신발장 위에서 나를 바라본다. 털신 안에서 남편의 따뜻한 마음과 나의 기막힌 서러움이 뒤섞여 그득히 넘쳐흐른다.

2011. 3. 5.

의지가 맺은 열매

소스라치게 놀라 새우잠을 자던 병원 침대에서 벌떡 일어났다. 따뜻한 어머니의 손이 내 이마를 짚으며 "애야! 어린 동생들 네게 맡기고 간다. 잘 돌봐 주거라, 부탁한다." 또렷한 음성이 귀에 울려왔기 때문이다.

바로 뒤엔 위독한 상태로 누워 계신 어머니, 핏기 없는 손은 얼음장처럼 차디찼다. 한데? 어떻게? 돌아보니 언제 전투지역에서 달려오셨는지 아버지가 내 머리를 쓰다듬고 계셨던 거였다. 비록 아버지의 손이었지만 그 음성은 꿈속에서 내게 남기신 어머니의 마지막 말씀이 틀림없었다. 여섯 달간 병마에 시달렸던 어머니는 1952년 3월, 진눈깨비가 흩날리며 질척거리던 날, 피난지 부산 서울대 대학병원 임시병동에서 46세의 젊음을 접고 세상을 등지셨다. 목이 메며 눈앞이 캄캄할

뿐이었다.

지난 2010년 가을, 서울의 모 고등학교 운동장에 한 기념비가 우뚝 세워졌다. 「동문 6.25참전 기념비」 거기에 남동생 이름 석 자가 뚜렷하게 새겨졌다. 맑은 가을 햇살이 새겨진 이름 하나하나를 불러 세우고 다이아몬드 같은 빛을 부어주고 있었다. 아아, 감격이 물결쳐 나를 전율케 했다. 감히 꿈에도 생각지 못한 일. 어떻게 이토록 때를 맞춰서 열여섯 나이에 자진 참전하여 죽은 동생의 '군번 찾기와 국가유공자 확정'이 성사되었을까! 기적 같은 일이었다. 명예졸업장 수여는 물론 이렇게 영예로울 수가! 동생이 간 지도 60년이 지난 즈음 이런 일이 가능하게 되다니. '정말 기쁘다.'며 눈시울을 붉히며 좋아하는 남편 곁에 선 나는 하늘을 향해 '그 어린 영혼에게 이나마 위로가 되겠지요, 어머니!' 하고 중얼거렸다. 하지만 우리의 보훈청은 유공자 명단에 동생 이름을 올려주지도 않았고 유공자 증서도 주질 않았다. 그것은 직계존비속이 없는 때문이라는 말도 안 되는 이유에서였다.

어머니가 돌아가신 지 어언 60여 성상이 지난 이 3월, 나는 뼛속까지 스며드는 봄바람 앞에 물끄러미 홀로 서성인다. 결혼할 형편이 못 된 나를 불쌍히 보신 하늘이 엮어준 선량한 의지(依支)의 남편도 임무를 다 마쳤다는 듯 내 곁을 떠났다. 그것도 결혼 55주년을 뜻 있게 보내려는 계획을 세운지 얼마 안 된 때에. 우리의 55년은 이렇게 끝이 났다. 참으로 어이없는 일이었다. 이럴 수가! 나는 뜨거운 눈물을 삼키며 '이건 아니야. 이럴 수는~' 소리쳤으나 그 외침은 허공에 메아리칠 뿐. 더 이상 말할 기력도, 할 말도 없었다. 우린 그렇게 이별하고 만 것이다.

그 후 나는 미루었던 보훈처의 비합리적인 처사를 그냥 있을 수만은 없다는 생각에 일어섰다. 우선 해당 보훈청에 건의서를 냈으나 대답은 규정이 없기 때문이란다.
나라를 위해 몸 바쳐 싸운 장본인이 직계가족이 없다고 유공자가 될 수 없다니, 이런 이치가 어디 있는가. 나는 인터넷의 신문고를 두들겼지만 소용이 없었다. 보훈처장에게도 건의서를 내고 또 냈으나 허사였다. 또 처장이 바뀌니 또 제출하고 총리실 민원 등 반복하여 끈질기게 이어지는 사이 5년의 세월이 흘렀다. 2015년 봄, 마지막 시도를 하기로 마음먹었다. 4월까지만 해도 '규정이 없어서'였다. 하나, 9월 드디어 억울하게 명예도 못 찾던 어린 영혼에게 떳떳하고 당당하게 기쁜 소식을 전할 수 있게 된 것이다. 「국가유공자증서 故 김학량, 2015년 10월 1일. 대통령 박근혜」 왈칵 눈물이 쏟아져 내렸다.

나는 하늘을 우러러 외쳤다.
"해냈어, 해내었어요, 어머니! 그리고 학량아! 이제 제가 할 수 있는 것은 다 했어요!"
당연한 것을 얻기가 왜 이리 어렵고 힘이 들었는지! 이제야 어머니의 유언을 미흡하지만 지켜낸 것 같았다. 23살에 일곱 살 막내까지 일곱 동생을 껴안고 피난지에서 서울에 올라와 방 한 칸 없는 무일푼 생활에서 오늘을 이뤄냈다. 물론 남편의 도움과 주변 분들의 도움이 있기도 했지만. 나는 매사에 후회 없는 삶을 위하여 최선을 다해 정성을 쏟으며, 그것이 '지성이면 감천(至誠感天)'이라고 여겼다. 하지만 최선을 다한다고 인생사가 꼭 뜻대로 되리라 기대할 수는 없다. 인간이 두 발로 설 수 있듯이 나는 항상 최악과 최선(最善)의 결과를 대비했다. 혹여, 최악의 결과가 닥칠지라도 실망하고 좌절, 포기한다면 살아남을 수가 없기 때문이다.

어떤 어려움도 나는 걱정보다는 감사를 했고, 온갖 악조건에서도 '지금 여기서 내가 배워야 할 것은? 혹 얻을 수 있는 교훈은 무엇일까?' 사람으로서 할 수 있는 최선을 다하고 결과는 하늘에 맡겼다. 이를테면 '지성이면 감천이고, 진인사대천명(盡人事 待天命)의 삶을 살아왔노라.'고 할까! 스스로 대견한 자신이라 자부하며 위로해도 되지 않을까 싶다. 인내와 끈기로 의지를 굽히지 않았기에 그나마 열매를 맺은 것이 아니겠느냐고.

2016. 3. 23.

연어계곡의 슬픈 사랑

누구에게나 고향은 있다. 그곳이 좋던, 나쁘던 사람들은 태어나고 자라던 어릴 적 기억들을 간직하며, 고향을 떠나 꿈과 희망을 좇아 삶의 터전으로 달려간다. 그러다가 평생을 함께할 상대를 만나 자식을 낳고 기르느라 몸과 마음을 쏟는다. 하지만, 치열한 삶의 현장에서 때로는 실의와 좌절의 멍든 가슴을 안고 혹은 성취의 기쁨을 맛보며 뿌듯함을 나누려 고향을 찾을 때도 있지만, 그냥 나이 먹으면 돌아가고 싶어지는 곳도 바로 고향이 아니겠는가.

이 같은 귀소본능은 비단 사람만이 아니라 여러 동물에게도 볼 수 있는 현상이다. 그중에서도 특히 연어의 삶이 '모천회귀'라 하여 알을 낳기 위해서 태어난 강으로 다시 올라와 그 삶을 마감하는 참으로 신기한 자연의 한 섭리로 우리에게 익히 알려진 바 있다. 연어는 강물에서 태어나 치어(稚魚)로 살다가 약 5~7년간의 여정으로 먹이가 풍부한 먼 바다를 떠돌며 성어가 된다. 그리고 뛰어난 후각을 통해 태어난 맑은 강물의 냄새를 따라서 고향인 그 강을 찾아서 돌아간다. 그리하여 산란과 더불어 죽음에 이르게 된다. 우리나라에서도 시월이면 어린 연어가 태어난 그 강을 떠나 북태평양으로 나가 4~5년이 지나면 성숙해져 멀고 먼 베링해로부터 모천(母川)인 양양의 남대천을 찾아 다시 숨 가쁘게 달려온다고 한다. 강물을 거슬러 힘겹게 올라오는 불굴의 기상과 의지도 가상하다. 또 암컷과 수컷의 뜨거운 사랑 나누기로 산란과 수정을 마치고 종족의 보전을 꾀하며 그 강물에서 제 소임을 다하고 죽어 가는 한살이는 어쩌면 우리 인간의 삶과 다를 바 없는 생존의 치열함과 비장함 마저 시사한 것이 아닐까!

나는 우연한 기회에 안도현의 『떠돌이 연어의 꿈』을 읽은 적이 있다. 마치 연어들의 삶을 의인화하여 '인간의 삶'의 실체를 파고드는 '어른이 읽는 동화'로 꾸민 이야기였다. 나 또한 그 작가처럼 그때까지는 아직 연어를 본 일이 없었다. 물론 백화점이나 마켓의 생선 판매대에 놓인 연어고기, 아니면 뷔페 식탁에 오른 불그스레한 연어 훈제를 먹어 보기는 했지만. 그래서 나는 그 책을 통해서 비로소 살아 움직이는 연어의 생태를 감각으로 연상하며 무척 신비한 물고기로 이해하고 있었다. 한데 지난 11월 말, 전혀 예기치 않게 퍼덕퍼덕 뛰는 연어들과 만나는 너무도 뜻밖의 기회가 생긴 것이다.

지난봄, 서울에서 시애틀로 이사한 동생네 아담한 집으로 집들이 삼아 갔다고나 할까. 해서, 느긋하게 자매간의 회포도 풀 겸 공기 맑은 곳에서 쉬었다 오려고 떠난 여행지에서였다. 떠나온 김에 시애틀에서 가까운 캐나다 땅을 밟아보기로 하여 갑자기 그곳 관광 상품에 따라, 버스로 국경을 넘어 캐나다의 호프로 향했다. 호프 근교의 유명한 폭포와 설경으로 덮인 높은 산들을 돌아보며 캐나다의 첫날밤은 100년이 되었다는 '헬리슨 산장'에서 쏟아져 내릴 것처럼 수많은 별들을 머리 위에 이고 겨울 야외 온천욕으로 피로를 풀었다.

이튿날은 북위 50도지만 북위 40도 아래인 우리의 11월보다 훨씬 따뜻해 눈을 볼 수 없다는 밴쿠버로 이동했다. 밴쿠버에는 세계적으로 유명한 연어보호와 보존 그리고 확장에 관해 중심이 되고 있는 '프레이저 강'의 연어 부화장이 있었다. 과연 그 명성에 걸맞는 자연환경과 시설을 갖추며 맑고 깊은 계곡에 설치된 부화장을 보며 인공부화의 선진 기술 등 설명을 들었다. 나는 여기서 비로소 살아 숨 쉬는 연어와 그들의 마지막을 장식하는 비장하고 슬픈 죽음도 확인했다. 하지만, 어디까지나 인공적으로 연어의 생(生)과 사(死)를 인공적으로 조율하는 것이 씁쓸한 뒷맛으로 남겨졌다. 일행은 밴쿠버의 상징인 아름답고 크기로 유명한 '스탠리 파크'를 찾았다. 지름이 1킬로나 된다는 큰 호숫가에서 우리는 원주민인 여덟 종족의 수호신이라는 '포템폴'을 배경으로 사진을 찍고 다음 관광지인 '빅토리아 섬'으로 가기 위해 페리에 승선을 했다.

약 한 시간 반쯤 걸려서 도착된 그곳은 저녁 5시쯤이었는데, 이미 어둠 속에 보석을 뿌려 놓은 듯 불빛이 섬 전체를 찬란하게 장식하고 있었다. 일정도 빡빡하며 이 섬의 유서 깊은 야경을 보아야 하기에 우리는 짐도 풀 사이 없이 안내받는 밤거리 관광에 열중했다. 마지막 날 아침은 가이드의 꽤 서둘러 대는 분위기에 쫓기면서 '브차드 가든' '주의회 의사당' '왁스 박물관' 등의 명소들을 찾았다. 그런 와중에 다시 연어를 꼭 보고 가야 한다는 가이드의 권유에 "밴쿠버에서 이미 보았는데! 돌아갈 배 시간도 급하다면서요?" 하며 우리는 귀찮아 가기를 꺼렸다. 그러나 가이드는 우리의 반응도 아랑곳없이 연어 계곡을 향해 차를 몰아갔다. 얼마나 달려갔는지 차는 산기슭을 타고 골짜기를 따라 올라갔고 울창한 산림 숲이 깊어 갈수록 비린내가 코를 찌르기 시작했다. 점점 연어 계곡이 가까워지는지, 역겨운 냄새가 온 천지를 진동하듯 대단했다. 마침내 멈춰진 차에서 내린 우리에게는 단 한마디의 설명도 필요하지 않았다.

이럴 수가!! 바로 이 겨울, 이곳에서만 볼 수 있는 광경이 펼쳐져 있었다. 약 5킬로나 된다는 긴 계곡을 메우고 퍼덕이며 몸부림치고 있는 수만 마리의 연어 떼가 겹겹이 배를 깔고 즐비하게 널브러져 있질 않는가! 연어의 암수 쌍쌍이 몸을 비비며 알을 낳고 수정하며 죽어가는 비로 그 현장이었다. 물론 연어 새끼가 태어나 자라서 바다로 나갈 때까지 치어로 살아갈 어머니의 강, 고향이기도 하지만. 왠지 나는 가

연어계곡의 슬픈 사랑

숨이 벅차올라 거기서 소리 내어 펑펑 울고 싶었다. 태어난 연어는 얼굴도 모르게 죽어 간 어머니의 속살 깊은 곳에 숨겨진 것 같은 그 냄새, 아니면 아버지 냄새를 기억하며 자라날 것이다. 그리하여 다시 머나먼 넓은 바다에 나가 4~7년을 떠돌며 성숙해지면 다시 이 냄새를 찾아 수억만 리 험난한 바다를 헤엄쳐 약속이라도 한 듯, 떼를 지어 함께 모천으로 돌아와 죽어가는 것이리라. 그 또한 암컷과 수컷이 어우러져 산란과 수정을 마치며 사랑에 빠진 채 미련 없이 배를 깔고 그대로 쓰러져 가는 것이다. 이 얼마나 뜨거운 순정의 몸짓인가! 안도현은 그의 작품에서 '연어가 아름다운 것은 떼를 지어 거슬러 오를 줄 알기 때문이야. 거슬러 오른다는 것은 지금 보이지 않는 것을 찾아간다는 뜻이지, 꿈이랄까 희망 같은 거 말이야.'라고 했다.

하지만, 그보다도 여기 벌어지고 있는 이 장엄하고 애틋하며 슬프고 뜨거운 사랑의 풍경보다 더 아름다운 것이 어디 있을까 하는 생각이 나를 전율케 했다. 내 평생 잊히지 못할 충격적이고 숙연해지는 사랑의 드라마를 본 것이다. 빨갛게 물든 나뭇잎 한둘이 강물에 실려 그들의 애절함을 달래는 듯 둥둥 떠내려 오고 있었다.

2009. 11.

후회와 다짐

'걸, 하면 윷놀이 판의 패가 떠오른다. 하지만 그걸 말하려는 게 아니다. 그렇다고 개울이나 도랑을 일컫는 옛말을 뜻하려는 것도, 내가 특별히 좋아하는 말도 아니다. 그러나 요즘 내 가슴속에 계속 맴돌며 자주 되뇌게 되는 말이 바로 이 '걸'이란 말이다. '그때 할 걸' '그랬으면 좋았을 걸' 등. 사실 내 딴에는 '최선을 다하는 삶'을 표방하며 열심히 사노라 했었기에 유감을 표시하는 할 걸, 줄 걸, 하는 '걸, 걸, 인생'이 되리라곤 꿈에도 예상치 못한 것이 솔직한 고백이다.

누구나 인생의 순간순간을 후회 없는 삶이고 싶어 최선을 다하려 하지만 사람이 사는 동안 한 점 후회 없는 삶을 산다는 것은 참으로 어려운 일일 것이다. 어느 날 나는 예상치 못한 무릎수술로 입원을 했다. 심한 통증에 신음하면서 '이제 잘 걷게 되면 어느 하루 날을 잡아 커피

끓여 보온병에 담아 들고 가까운 뒷산에 올라 온종일 남편과 오붓하게 보내야지.' 하고 마음먹었다. 그러나 남편인 그는 그 하루를 기다려주지 않았다. 그렇게 어려운 일이 아닌 줄 알았는데 이뤄지지 않았다. '진작 그와 그런 시간을 가졌으면 좋았을 걸!' 뼈저린 아픔이 덮쳐왔다. 어디 후회의 '걸'이 그 사연 하나뿐이며 또한 나만이 겪은 일이랴.

뉘우침의 뜻을 담아 쓰는 '~ ㄹ걸'이란 어미(語尾) 뒤에는 응당 그랬으면 좋았을 텐데, 하지 못한 채 돌이킬 수 없게 된 가슴 저린 아픔, 안타까움, 서글픔, 피 맺힌 애잔함, 절절한 그리움 등이 얽힌 한(恨)이 맺혀 응어리져 나오는 말이 아니겠는가. 그 깊고 깊은 한을 풀어내고 싶은 스스로의 몸부림, 하소연, 절규라고 할 수 있을 것 같다. 그 한을 불식시키려는 우리의 짙은 정서가 깔려 있기에 이 서글프고 허망한 뉘우침과 아쉬움을 말로서나마 삭이려는 아픔을 누군들 겪고 싶겠는가. 그러나 사람들은 알게 모르게 수없이 작고 큰 뉘우침과 후회를 거듭하며 지나게 될 때, 우리는 '하지 말 걸', '해줄 걸' 하면서 맺힌 가슴에 숨통을 트이게 하려는 것 같다. 그러니 '~ㄹ걸'이란 어미는 우리 인생에 희로애락의 유감을 털어내는 한 줄기 시원한 바람, 아니 오아시스로 작용하는 귀한 말이 아니겠는지.

일본 호스피스 전문 의사인 '오즈 수이치'는 『죽을 때 후회하는 25가지』라는 저서에서 1,000명의 죽음을 지켜보며 밝힌 내용 중에 그들이 죽음 앞에서 괴로워하는 첫째가 '사랑하는 사람에게 고맙다는 말을 많이 했더라면…' 하는 후회였다고 한다. 즉, 평소 부부간이나 자녀 형제 자매간 등, 가까운 가족에 일수록 '고마워' 그 한마디 말을 너무 못하고 살아왔다는 마음 아픈 절절한 뉘우침이 가장 많았다는 이야기다. 얼마나 가슴 에는 이야기인가.

죽음에 맞닥뜨려 비로소 '했더라면' '했어야 할 걸' 하는 후회는 아무리 안타까워도 이미 때늦은 의미 없는 말이 될 뿐이다. 그러나 산 사람이 돌아가신 이에게 '그랬더라면' '진작할 걸' 하는 유감이나 후회는 늦긴 하나 뉘우침과 동시에 앞으로의 삶에 대한 개선, 즉 인생관의 변화를 가져올 수가 있을 것이다. 비록 떠난 그 당사자에게는 아닐지라도 남은 사람에게나 자기 스스로에게 결코 다시 아픈 후회를 남기지 않으려는 다짐과 실천이 가능해질 것이다. 그러니 조금은 위안이 되기도 하고 삶의 방향을 바꾸거나 생각을 깊게 하는 계기가 되지 않을까.

영어에서 오늘(현재, Present)은 선물(Present)과 같은 말을 쓴다. 내일을 알 수 없기 때문이라고 한다. 깊이 새겨볼 뜻이 있지 않을까. 내일을 살아가는 우리는 후일도 헤아려야 한다. 그러다 보면 지금 이 순간을 소홀히 하거나 뒤로 미루기 쉽다.

희망의 새해를 맞았다. 다시 오지 않는 이 새해의 오늘 이 시간, 주어진 귀한 선물인 '오늘'을 다시금 감사하며, 알차고 소중히 채워 나가 앞으로는 '~ㄹ걸.'을 줄여나가는 충만한 삶으로 이어지기를 소망한다. 순간마다 성심을 다한다면 인생이 더 부드럽고 아름다우며 사랑스러워지지 않겠는지. 나의 여생이 그렇게 되기를 이 아침에 진정으로 희구해 본다.

2012. 1. 5.

4부

그래, 그거였던 것을!

내게 생명을 주시고 삶을 인도하신 하나님의 은총이고, 사랑의 이끄심이었던 것을!' 이 기적 같은 나의 삶! 불가능을 가능케 한 주님의 힘! 뒤늦게나마 깨달음의 기쁨마저 주신 나의 창조주, 하나님! 감사합니다. 지금껏 살아 이 깊은 뜻을 깨닫게 하신 주님 사랑에 이제야 '그래, 그거였어!'를 되뇌며 나는 감격했다, 흘러내리는 맑은 샘물 같은 눈물로 뜨겁게 사죄하며 감사를 올려 드린다.

물의 마음

'물의 마음' 물에 마음이 있다니? 몇 해 전부터 우연히 재능기부랄까 동 정보센터에서 '일본어 말하기' 과정을 맡아 발음이나 억양 등의 지도를 해왔다. 소설, 시, 문학작품 등을 교재 삼아 하다가 요즘 초등학교 교과서를 살펴보던 중, 5학년 국어책에 실린 한 편의 시에 눈길이 멎었다. '물의 마음'에서 아이들에게 무엇을 심어 주려는 것일까. 궁금해진 때문이다.

우리나라에서는 흔히 초중고 학생들의 심성지도라는 교육 프로그램이 있다. 아이들이 무심코 쓰던 연필, 볼펜, 책상, 의자. 책가방 등 일상생활 속에서 접하던 소지품이나 자연 속의 꽃이나 나무, 구름 등을 비롯하여 여러 사물과 대화를 하는 작업이다. 나와 의인화한 상대에게 하고 싶은 말을 주고받으면서 글로 적어 그것을 발표해보며 의미 있게 정리해 가는 활동을 많이 실시해 보았다. 이런 활동은 생각보다 쉽게 아이들이 자신의 마음을 털어놓기도 하고 또 상대의 기쁨이나 아픔, 또는 바람 등을 유추해 내면서 어린 나름의 자아에 눈을 뜨고, 상대에 대한 연민, 반성, 용서, 사랑 등 감정 교류를 통해 마음을 정화하고 이해의 폭을 넓혀가게 하려는 것이다. 그 과정은 집단으로 실시할 경우는 역동적 상승효과까지 이뤄져 매우 바람직한 인성교육의 바탕에 기여한다. 하지만 특별히 '물의 마음'이란 주제를 선별해서 생각해 본 일은 없었다. 다만, 누구나가 알고 있는 물의 특성이나 물에서 얻는 교훈 등은 많이 알려져 있다.

이를테면 '같은 물이라도 뱀이 마시면 독이 되고, 젖소가 마시면 우유가 된다.' '사람은 마음가짐을 물과 같이 하라.(心如水)' '물은 고이지 않고 늘 흘러가야 맑은 생명수로서 만물의 생명의 근원이 되리라.' 또 노자는 도덕경에서 '상선약수(上善若水) 즉 가장 으뜸이 되는 선(善)은 물과 같은 것이다. 물은 만물에 이로움을 주지만 다투지 않으며 언제나 낮은 곳에 있다. 물은 공평하며 완전하며 본질을 잃지 않으며 겸손하다.'고 했다. 물의 특성이 이러하니 우리의 마음도 물을 닮아가자는 것이리라. 또한 마음은 눈에 보이지 않을뿐더러 손에 잡히지도 않는다. 그럼에도 불구하고 그것을 남에게 빼앗기기도 또 뺏기도 한다. 마음을 얻지 못해 때로는 밤을 지새우며 가슴앓이를 한다. 원하는 상대의 마음을 얻으면 세상을 다 얻은 것과 같다고도 하지 않던가.

프랑스의 작가 생텍쥐페리(Antoine, Marie-Roger, de Saint-Exupéry)는 『어린왕자』 중에서 "세상에서 가장 어려운 일은 사람의 마음을 얻는 일이란다. 각자의 얼굴만큼 다양한 각양각색의 마음은 순간에도 수만 가지 생각이 떠오르는데 그 바람 같은 마음을 머물게 한다는 건 정말 어려운 거란다."고 했으며, 독일의 철학자 헤겔은 "마음의 문을 여는 손잡이는 마음의 안쪽에만 달려 있다. 그러므로 당신의 마음을 닫고 여는 것은 모두 당신의 자유이다. 왜냐고요? 마음의 문을 여는 손잡이는 당신의 마음 안쪽에만 달려 있기 때문이고 누군가를 용서하는 것은 마음의 문에 채워진 자물쇠를 열고 손잡이를 돌리는 것이다."고 말한 바 있다. 그렇다면 그 시(詩)는 일본의 어린이들 마음에 무엇을 깨우쳐주고 싶었던 것일까. 아래에 그 전문을 옮겨본다.

　물의 마음

　물은 잡을 수 없습니다 물은 떠 올리는 겁니다
　손가락을 딱 붙이고 살그머니 소중히

　물은 잡을 수 없습니다 물은 감싸는 것입니다
　두 개의 손안에 살그머니 소중히
　물의 마음도 사람의 마음도
　　- ('水のこころ' 타가다 도시코- 高田敏子)

사람의 생명 같은 물은 잡을 수 없다. 그러나 손가락을 딱 붙이고 정성껏 모은 손, 또는 그런 두 손으로 소중히 감싸 안으면 물을 떠올릴 수 있다. 살며시, 정성껏, 두 손으로, 소중히, 감싸 안듯 떠서 올릴 수 있다. 사람의 마음을 얻는 것도 이와 같은 이치라는 것을 넌지시 그러나 세심하게 일러주어 가슴과 뇌리에 스며들게 하려는 것이 아니겠는가. 타인을 배려하는 마음, 형식적인 예의도 중요하나 보다 진정성 있는 순수한 마음으로 상대의 마음을 헤아릴 수 있는 바탕을 어려서부터 가꾸어 가게 하는 구체적 시도가 아닌가 하는 생각에 놀라움을 금할 수 없다. 우린 그 깊은 뜻을 생각하며 다 함께 소리 내어 읊어 보았다. 세계 어디서나 '일등 시민'으로 대접받는 일본 사람들, 앉았던 자리에 휴지 한 조각 남기지 않는 깔끔한 국민으로 칭송받는 사람들. 지진이 나도 원자로가 터져도 질서정연하게 이성을 잃지 않고 타인에게 폐 끼치는 행동을 삼가할 줄 아는 국민성은 하루아침에 만들어질 수는 없을 것이다. 경제적으로 성장을 이룩한 한국인들이 아직 '일등 시민, 일등 국민'의 서열에 당당하게 끼지 못할 까닭이 어디 있는가. 가슴이 먹먹해진다.

우리 사회문화가 발전되고 개개인이 서로 존중하고 존중받는 풍토가 되자면 우선 작지만 보다 본질적인 마음 씀씀이부터 배워야 할 것 같다. 물의 마음을 다루듯 사람의 마음을 소중히 조심스럽게 대하는 자세를 가정의 부모 자녀 사이서부터 실천한다면 우리도 한층 더 빠르게 세계의 일등 국민의 영예를 얻는 지름길이 되리라 믿는다

『수필문학』 2018. 6.

사진 속 추모 언덕

'아아, 잘되었다. 다행이구나!' 이 아름다운 곳에서 쉬게 되시니. 주님 감사합니다. 오늘 그나마 못 가본 동생들을 위해 그날 찍은 몇 장의 사진이 내 앞에 있다.

그 추모공원의 언덕을 밟으면 뭔가 가슴 답답함이 사라질 것 같았다. 처음 가본 그곳에서 조금은 마음이 풀리는 느낌이었다. 꿈의 언덕처럼 푸른 숲에 둘러싸인 주변은 이름 모를 꽃들이 흐드러지게 활짝 피어 향기롭고 화사하며 어디선지 새들의 지저귐이 마치 환상곡처럼 들려왔다. 사시사철 푸르름이 가시지 않는 포틀랜드라고 했던가. 그곳에 살게 된 하나뿐인 남동생 내외의 효심으로 멀리 고국에서부터 그 곁으로 애써 부모님 유해를 모셔온 터였다.

'핀레이 선셋 언덕 추모공원(Finley-Sunset Hill Memorial Park) 그 입구에 장식처럼 옆으로 길고 크게 표지가 깔끔하게 세워져 있었다. 추모 동산 근처는 그림 같은 예쁜 집들이 나란히 자리 잡고 있어 묘지 동네 같지 않은 평화로운 분위기다. 미국서는 그런 곳의 집값이 더 나간다 하니 이해되지는 않았지만. 그동안 큰딸인 내 곁보다는 비록 고국을 떠날지라도 사랑하는 아드님 손길에 머무심이 편하시리라 믿었기에, 내키지 않는 마음을 달래며 아쉬워하면서도 바다 건너 수만 리 먼 그곳을 택할 수밖에 없었다.

6.25전란 피난의 고생 끝에 와병으로 젊은 나이에 떠나 버리신 어머님, 그 뒤를 이어 홀로 외로이 계시다 뜨신 아버님, 두 분의 유해 봉안함이 납골 추모관 5층 대리석 문안에 안치되어 있다. 아파트 같은 칸칸의 제일 높은 자리기에 나는 그 여닫이문조차 손으로 쓰다듬어 보지도 못했다. 문고리라도 잡고 울고 싶었다. 가슴이 아팠다. 하지만, 타인의 유해 밑의 층보다 훨씬 낫다는 남편의 말을 작은 위안으로 삼을 수밖에 없었다. 십여 년 전, 이민 떠난 남동생을 대신했던 동안이라도 더 알뜰히 모셨을 걸, 뉘우침과 허전함을 떨쳐버리려 정성을 다해 송이송이 꽃병을 채웠다. 돌이켜볼 때 후회 없는 삶이 가능할까만은.

7월의 화창한 초여름 어느 날, 시애틀에 사는 큰 여동생 내외의 주선으로 미국 내 곳곳에 흩어져 사는 남동생 네 자손들이 다 모일 수 있었다. 온 가족이 머리 숙여 성경을 읽고 기도와 추모의 말씀으로 다시 한번 애틋한 그리움과 아픔을 나누었다. 젊은 세대에겐 뿌리와 역사가 심어지기를 바라며 우리말과 영어로 진행하니, 우리 가족의 글로벌(Global)시대상을 실감케 한다. 설사 하늘나라에 계신 부모님이 흡족하지 않으실지라도 누구도 막을 수 없는 이 시대의 추세리라 여겨졌다. 소리 내어 실컷 울고 싶었으나 다 허망한 일. 그 꽃병이 걸린 닫힌 문 안의 봉안함에 우리의 애절한 정성이 가 닿기를 염원할 뿐이었다.

두 분이 내리신 큰 나무뿌리에서 뻗은 사랑의 가지와 새싹들에게 하늘나라에서도 축복해 주시기를 간절히 기원하며 추모 언덕을 내려오려니, 부모님의 지나간 삶이 아련히 떠오른다. 일찍이 조국의 새날을 꿈꾸며 현해탄을 건너 유학의 길을 택하셨으나 일제 강점기에 조국 광복을 그리며 활동하시다 체포령을 피해 황량한 만주에서 남다른 격동기를 사셨던 부모님. 이제 한 줌의 재가 되어 당신의 의지와 관계없이 또다시 고향땅을 뒤로 타국 하늘 아래 안치된 파란만장한 두 분의 생애를 돌아보니 새삼 가슴에 푸른 멍이 맺혀오는 것 같았다.

못내 기다리던 미국행으로 비로소 뵙고 온 부모님의 묘소가 사진에 담겨있다. 비록 납골 추모관 안의 사진이지만 우리 자매는 그 앞에서 추모의 기도를 올렸다. 짙어가는 가을처럼 더욱 깊어가는 그리움의 뿌연 안개 속에 동생들 모두의 눈시울만 젖어온다. 시간이 가면 없어질 너와 나, 우리 또한 서로가 이 땅을 떠날 존재인 줄 알면서도 왜 그리 허전하고 서글픈 아픔이 되살아오는지. 또한 언제 다시 가 볼 수가 있겠는지.

묘지도 없어져 가는 세태 속에 산다는 것이, 인생이 무엇인지 죽음은 또 무엇인지 흘러가는 구름에게 말을 건네 본다. 세월이 지날수록 오히려 커지는 가슴에 뚫린 구멍이 언제 메워질 수가 있으려나. 누군가 말했다. '그리움은 상실에 대한 질병'이라고.

2008. 10. 10.

그래, 그거였던 것을!

'어머니, 아버지~' 대답 없는 부모님. 그래도 큰소리로 불러보고 싶었다. 특히 나를 엄히 키우신 어머니. 야무지다고 예뻐하시던 아버지. 또 언제 떠올려도 가슴 벅차게 감사한 분들이 주마등처럼 스쳐가고, 극심한 통증에 나는 이제 죽음 앞에 섰다고 생각되니 만감이 교차되며 맥없이 눈물이 흘러내렸다. 기쁨이나 슬픔, 그리고 감동, 감회 그리움, 아픔의 눈물도 아니다. 그것은 그냥 숨 쉬듯 부담 없이 흘러 내 마음 속을 깨끗이 씻어내는 경건함이 깔린 예전에 느끼지 못한 맑은 샘물 같은 것이었다.

진눈깨비가 내리던 이른 봄날. 22세가 된 내게 청천벽력같이 엄청난 짐이 지어졌다. 무엇부터 어떻게 풀어 나가야 할지. 아무것도 보이지 않았다. 피난지 부산 영도의 단칸방에서 어떻게 살아낼 수가 있을지,

오늘 굶지 않고 내일까지 버티는 것만으로도 가슴이 터질 듯 버거워 모든 것을 팽개치고 사라져 버리고 싶었다. 하나, 차마 그럴 수는 없었다. 나는 그냥 뛰고 또 뛰었다. 대학 3학년 재학 중, 교육부 촉탁으로 일하며, 한편 입주 가정교사, 개인 과외지도, 이른바 아르바이트 챔피언이랄까. 몸이 닳도록 일에 몰두했다. 동생들에게 밥은 먹이고 학교는 보내야 한다는 사명감이 다행히 내 머릿속에 1순위를 차지했다. 다음은 내가 졸업하면 곧 취직을 해야 되며, 그 후 서울로 옮겨 가야 하리라는 소망과 목표가 순식간에 정립되었다. 어린 8남매를 남긴 채, 46세에 유명한 일본 제일의 대학을 수석으로 나온 수재의 꽃도 못 피우고 요절하신 안타까운 어머니. 아내를 보낸 상실의 아픔에 빠진 아버님은 전투지역에서도 술로 세월을 지내시니, 우리 생활에 의지나 보탬이 될 수가 없어, 나는 아버지께 불평이나 원망 따위는 헛수고며 시간 낭비일 뿐이라 여겼다.

어찌어찌 살아내었는지 한마디 말로는 할 수가 없다. 교육부 장학실 촉탁이었던 인연으로, 당시 어려운 취업문을 뚫고 졸업과 동시에 직장을 갖는 행운을 얻었다. 이듬해 종전선언으로 수복된 후, 뜻밖에도 장학실에서 온 한 통의 전보는 내게 서울로 전근하라는 통지서였다. 감히 한마디 부탁조차 드릴 바 못되는데 천우신조라고 할까. 이 고마움을 어떤 말로 대신할 수가 있을까. 달려가 "바로 부임하겠습니다. 감사합니다."고 꾸뻑 인사하는 것이 전부였다. 서둘러 부산으로 내려가 도

그래, 그거였던 것을!

강증(그 당시 한강을 건너 서울로 진입한다는 허가증) 수속을 마치고 동생들을 이끌고 상경했다.

'사람은 나면 서울로 보내고, 말은 나면 후략~' 평소 귀가 닳도록 하시던 어머니 말씀이 내 가슴에 유언처럼 새겨져 있었다. 천군만마를 얻은 것처럼 기뻤지만 한편 서글퍼 가슴이 시려왔다. 폭격으로 파괴되어 흔적도 없는 집, 땅마저도 남의 손에 넘어갔으니 오갈 데가 없다. 집이 없어도 살아야 하는 서울! 어쨌든 거처는 마련해야 하니 무작정 살던 동네로 향했다. 근처에 부서진 채 방치된 빈집을 골라 흙더미 방 안에 보따리를 풀었다. 그리고 가마니 대여섯 장을 사서 흙바닥에 깔고, 문틀에도 문짝 대신 늘어뜨렸다. 바람막이가 될 훌륭한 방 한 칸이 완성된 셈이다. 나는 한 달만 여기서 버티자고 동생들을 다독이며 우리의 두 번째 서울 생활을 시작했다.

불현듯, 1948년 겨울의 일이 떠올랐다. 은행 창구에 오는 단골손님이 연말이라며 뜻밖에도 석유 한 병을 주었다. 석유상을 하는 분이다. 당시 서울서도 전기가 부족하여 밤마다 두 시간 정도만 전기를 주곤 끊어 버렸다. 그 뒤는 석유등잔에 의지해야 하니 석유도 구하기 어려운 때니 우리에게 큰 선물이었다. 그 한 되 병을 가슴에 안고 어둡고 추운 귀갓길인 남영동 굴다리 밑을 걷다가 그만 맨홀에 빠져버렸다. "앗, 아야!" 정신을 차리고 보니 무릎과 양 팔꿈치에서 피가 흐르는 것 같았지만, 그 병은 무사했다. 나는 너무 고마워 "하나님 감사합니다. 이 병을 지켜주셔서 감사합니다. 평소에 믿지도 않으면서 하나님을 의지하는 저를 용서 해주세요!" 중얼거리는데 눈물이 주르르 흘렀다.

19세, 어린 나이는 아니지만 쓰린 상처는 잊고 석유 병이 무사한 것만이 기쁘고, 고맙고, 행복감마저 느꼈던 것을. 다행히 동생들 전학이 안착되고 나니 나는 예들이 다 결혼을 할 때까지 절대 결혼을 하지 않으리라 다짐하고, 여동생 다섯은 고등학교까지, 남동생 둘은 대학까지 졸업을 시킬 거라고 작정했다. 그러나 인생이 어찌 마음먹은 대로 될 수가 있을까. 우여곡절을 겪으면서 내 혼신을 쏟아 후회 없는 삶이기를 바라며 살아온 것 같다.

이토록 내 생애는 막다른 골목에 부딪칠 때마다 뜻밖의 천사가 나타나 힘이 되어 주었다. 하늘이 보내신 그 천사란 첫째는 고인이 된 남편, 다음은 우리 시어머님, 그리고 인생 여로에서 도움 주신 여러 선생님. 갚을 길 없는 은혜를 입으며 어려운 굽이굽이를 무사히 헤쳐 왔다. 그러니 '나는 불행한 운명에 처했지만 인복이 많은 덕에 기적 같은 삶을 살아낸 행운아였지.' 하는 뿌듯함과 자부심으로 스스로도 대견하고 감사했다. 하나, 세월이 흐름에 따라오는 육신의 노화는 정신적 성숙의 계기를 가져오는 것 같다. 어느 날 갑자기 그 인복이란 우연한 것일까, 운명적인 것일까 회의가 일었다. 성찰의 순간, 그건 분명 우연이 아니었음이 불꽃처럼 뇌리에 번득였다. 나는 전율과 동시에 왈칵 뜨거운

그래, 그거였던 것을!

눈물이 쏟아져 주체할 수가 없었다.

'내게 생명을 주시고 삶을 인도하신 하나님의 은총이고, 사랑의 이끄심이었던 것을!' 이 기적 같은 나의 삶! 불가능을 가능케 한 주님의 힘! 뒤늦게나마 깨달음의 기쁨마저 주신 나의 창조주, 하나님! 감사합니다. 지금껏 살아 이 깊은 뜻을 깨닫게 하신 주님 사랑에 이제야 '그래, 그거였어!'를 되뇌며 나는 감격했다. 흘러내리는 맑은 샘물 같은 눈물로 뜨겁게 사죄하며 감사를 올려 드린다.

2018. 8.

노래하는 치과의사

어어, 이게 뭐지? 그 충격적인 황당함! 정월 초하루 새벽 6시경, 부지런히 양치질을 하던 내 입안에 묵직한 덩어리가 혀에 닿았다. 바로 어제 부러진 어금니를 치료받고 왔는데. 막 울고 싶었다. 하지만 곧 '아니야' 하고 고개를 저었다. '이것 또한 깊은 뜻이 있는 게 아닐까?' 오래 살아온 탓인지 뭔가 확신 같은 느낌으로 마음이 가라앉았다.

떨어져 나온 어금니는 어제 부러진 옆의 치아인 것 같았다. 오늘은 하는 수 없지, 내일로 미룰 수밖에. 정초 아침부터 예약을 할 수는 없다. 원장께 직접 전화하기도 미안하다. 뭐 그리 좋은 일이라고 새해 벽두부터 궁상맞은 소리를 전하겠는가. 고민 끝에 저녁 8시경 치과 원장께 직접 문자를 넣었다 '내일이라도 오라고 하실까? 뭐라 응답이 올까?' 조마조마하며 잠자리에서 기다리던 차, 문자 음이 울렸다. 두근거리는 가슴을 쓰다듬으며 폰을 열었다. 'ㅠ… 정초부터 그런 일이. 죄송하네요. 오셔야지요.' 아! 이게 웬 말인가! 아무리 가까운 의사지만 '어쩌다가 또?' 하고 한마디 할 줄 알았는데! 죄송하다니. 그 말에 난 잔뜩 속상해 있던 마음에 위로의 따뜻함이랄까, 눈물이 핑 돌았다. '아 다행이다.' 안도와 고마움에 즉시 답을 넣었다. '고맙습니다. 울고 싶어요. 그래도 유 원장님이 계셔서 웃겠습니다.'

다음 날, 진료실이 채 열리기도 전에 접수를 마치고 기다렸다. 본래 예약된 환자가 줄지어 있는 이곳에선 치료하는 환자와 환자 사이의 틈을 타서 '긴급환자'를 끼어 넣는 시스템이 있다. 얼마를 기다려야 할지 알 수도 없지만 믿고 기다리는 수밖에. 한데 그날은 예상외로 빨리 이름을 불러줬다. 간호사의 안내에 따라 진료 의자에 앉아 종이 턱받이를 두르고 의사를 기다렸다. 2003년, 이 치과가 개업한 이래 15~6년간을 임플란트를 비롯하여, 틀니는 물론 내 모든 치아 문제를 해결해 온 단골 치과이다.

잠시 후, 원장은 콧노래를 흥얼거리며 들어왔다. "입을 크게 벌려보세요" 금속 집게 같은 것으로 이리저리 살피더니 흥얼거리던 노래를 멈추고 "걱정 마세요. 아주 튼튼히 해 드릴게요." 입을 벌린 나는 고개만 끄덕였다. 이어 물튀김 보호용 천으로 얼굴이 가려졌고 날카로운 기기가 입에 들어왔나 싶더니 곧바로 덜 덜덜, 무언가 엄청난 속도로 치아들을 다듬는 듯했다. 어느새 마취주사가 구실을 하는지 통증은 없지만 온몸이 떨리고 경직되어 손에 땀을 쥔 나는 눈을 감은 채, 무의식중에 중얼거리고 있었다.

주님! 저를 이 세상에 있게 하신 주님! 주님께 두 손 모아 기도드리나이다. 어찌하여 이 나이되도록 제게 귀한 생명을 허락하셨나이까. 감사합니다. 아직도 철부지인 제게 앞으로도 쓰임 받도록 허락하신 그날까지 최선을 다하여 유종의 미를 거두고 기쁨 안고 주님 부르실 때까지 살아가도록 인도하여 주시옵소서. 사랑의 아버지 하나님, 노래하는 유○○ 원장 치료의 손길에 주님 능력을 실어 주시어 치아로 고통받는 제 부실함을 잘 보살펴 주도록, 주님 이끌어 주시기 바라옵니다. 주님께서 아끼시는 유 원장께 건강과 환자를 돌보는 특별한 능력과 지혜를 주시옵소서. 제게 허락하신 생명이 아픔 때문에 좌절하지 않고 주님의 깊은 사랑에 끝까지 따라가는 삶이 되도록 도와주시옵소서. 특별히 유 원장 손길이 닿는 모든 이의 치통이 사라지고 상처마다 속히 치유되도록, 주님 능력을 덧입혀 주시옵기 거듭 기도드리나이다. 주님 감사합니다. 예수님 이름으로 기도드립니다. 아멘.

나는 내 자신에게 놀랐다. 부지불식간에 자신도 모르게 이토록 긴 기도를 올리게 되다니! 기적이었다. 솔직히 말해서 나는 기도할 줄도 아직 잘 모른다. 단지 내 인생 항로에 닥친 불행 속에서도 인덕이 많아 어렵지만 다행히 잘 헤쳐 나왔노라고 생각해 왔던 것이, 다름 아닌 '주님의 사랑'으로 인도되고 준비되어 온 것임을 얼마 전에야 비로소 깨달은 터였다. 때로 다리의 통증으로 길에서 걸음을 멈추게 되면 겨우 '주님, 감사합니다. 제게 오늘도 생명 주셔서 감사합니다. 이 고통 이겨내도록 주님, 제게 힘을 주시옵소서.'를 되풀이할 뿐인데, 이렇게 불쑥 중보기도가 튀어나오다니!

정말 생각지도 못할 일이다. 언뜻 아침 일찍 병원에 도착해 기다리는 동안, 탁자에 놓인 책자 『생명의 만나』를 무심히 손에 잡고 읽었던 '노래 부르시는 우리 하나님 아버지!'란 대목이 뇌리를 스쳤다. 그래, 유원장은 '노래하는 치과 의사!'야. '노래 부르시는 우리 하나님 아버지'라는 글에서 밝히고 있는 것은 스바냐의 예언서에 적힌 한 부분이란다.

"하나님께서 그의 백성들을 고통에서 건지실 뿐 아니라 잠잠히 사랑하시며 그들로 말미암아 즐거이 부르며 기뻐하신다는 설명이며, 우리 하나님은 '구원을 베푸실 전능자'이실 뿐 아니라 우리를 위해 부드러운 사랑의 노래를 부르시는 사랑의 아버지이십니다."라고. 환자에게 죄송하다는 의사의 말 한마디. 그 말이 사랑의 마음 없이도 튀어나올까! 또 환자를 치료하며 콧노래를 흥얼거리는 경쾌한 모습은 아무 의사나 할 수 있는 것이 아닐 것이다. 설사 본인은 무의식중에 흥얼거린다 해도 겁에 질려 통증에 움츠린 환자에게는 따뜻한 위안의 어떤 말보다도 긴장이 풀리고 안정을 찾는 윤활유가 될 것이다. 그의 치료의 손길은 콧노래와 함께 사랑의 약손으로 치유의 힘이 되지 않을까!

"치료하시는 동안 기도를 올려 드렸어요." 말한 내게.

"은혜 받으셨군요. 감사합니다."

하고 만면에 미소를 띠며 방을 나가는데, 내 귀에는 그의 콧노래가 머물고 가슴은 구름 위에 뜬 것처럼 날개가 달린다.

              2019. 2. 26.

친구라 불러주신 나의 은인

— 석운(石雲), 심태진 장학관님 —

뒤돌아보면 아득한 꿈결 같기만 한 내 삶. 어떻게 여기까지 왔는지! 기적이 따로 있을까? 중국에서 해방을 맞은 우리 가족은 몇 번의 죽을 고비를 넘어, 어찌어찌 남한 땅을 밟자마자 6.25전쟁 발발로 또다시 피난길에 올랐다. 연이은 피난생활에 여덟 자녀를 거느리고 생계를 지탱하던 어머니는 안타깝게도 병마에 쓰러지셨으니 그 짐은 고스란히 맏이인 내 몫이 될 수밖에 없었다.

'만남은 곧 운명'이라 했는데, 내 운명도 '만남'을 통해서 엮어져 갔다. 역경의 고비마다 얽힌 한 가닥 인연. 어느새 인생 80여 년으로 이어져 오늘에 이른다. 세월의 갈피마다 접어둔 귀한 인연들을 어찌 잊으랴. 그중에도 꿈에도 잊지 못할 한 분을 꼽아본다. 나라의 존폐가 위태롭던 6.25전란 속에서 어린 동생들을 이끌고 생계와 학업을 지속해야 했던 내겐 어렵사리 구한 직장이 있었다. 마침 피난 교육부 총무과의 촉탁 자리였다. 주판도 제대로 배우지 못한 나는 예산과 결산을 맞추는 일이 서툴러 때마다 전전긍긍했다. 몇 달이 지났을까. 어느 날, 출근하자 예산계장이 "미스 김, 따라와요" 하신다. 무심코 따라간 나는 깜짝 놀랐다. "오늘부터 여기서 근무하게 됐어요." 하며 인사를 시켰다. 그것이 내가 심태진 장학관과의 첫 대면이었다. 아마 입버릇처럼 내 걱정을 하시던 장관실의 비서관이시던 박창해 교수님의 배려였던 것 같았다. 180센티미터가 넘는 훤칠한 키에 미남이신 심 장학관님은 과다한 업무로 늘 바쁘셨다. 나는 문서작성, 기타 심부름 등을 보좌하며 틈나는 대로 대학 강의를 받으러 갈 수 있게 배려해 주셨다.

자상하신 그분은 때로 메모를 적어 탁자에 붙여 놓으시고 내가 돌아와 처리할 수 있게 해놓으셨다. 어느 때인가 "미스 김, 그것 놔두고 이것 좀 봐요. 어서!" 하시기에 다가가니 일본어판 『좁은 문』이다. 이 작품은 프랑스의 작가 앙드레 지드의 소설(1909)로 자기희생의 허무함이란 회의를 암시하는 작품이다. 성스럽고 순결한 소녀 엘리사와 그의 사촌 제롬의 사랑 이야기로 아름다운 서정과 정교한 심리 묘사가 뛰어난 작품으로 세계 명작 중 하나다. "너무 좋은 글이니 읽어 봐."라고 하신다. 나는 그 책의 멋진 글보다도 선생님이 내게 대해 주신 그 마음에 더 큰 감동을 받았다. 그분은 문학뿐만 아니라 과학, 예술, 스포츠 등 다양한 분야에 조예가 깊으셨다. 나는 격려와 배려의 덕분으로 대학 졸업장과 교사 자격증을 손에 넣었으나 교사로의 출발은 엄두도 낼 수 없었다. 모든 학교가 전시 연합체제로 통합 운영되었기에 신임 채용의 기회란 하늘의 별따기보다 어려웠다.

그러던 어느 아침, 장학실장이신 심 선생님께서 함께 나가자고 하신다. 아무것도 모른 채 권하시는 지프차에 올랐다. 도착한 곳은 부산 'K여자중학교'라는 간판이 선명한 교문 앞이었다.
"월요일부터 출근하세요."라는 학교장의 말씀에 나는 내 귀를 의심했다. 아, 나는 하늘의 별을 딴 것이다! 그것도 반짝이는 큰 별, 명문 중학에! 그날 밤, 너무 벅찬 심정에 잠 못 이룬 나는 잠든 동생들에게 들키지 않으려 엎어져 울고, 또 울었다.

1953년 그해 7월 27일, 휴전협정이 채결되자 모든 정부부서가 앞을 다투어 서울로 복귀했다. 교육부도 예외가 아니다. 사람들도 꿈에 그리던 자기 집을 찾아 돌아갔다. 나도 돌아가야 했다. 하지만 직장 없이 어찌 서울로 돌아갈 수가 있겠냐. 또다시 암울했다. 떠나시는 장학관님은 "미스 김을 재취시켜야 할 텐데. 어쩌나!" 하시며 웃으셨다. 이듬해 학년 초, 내게 한 통의 전보가 날아왔다. '내일 상경 요망, 심태진' 무슨 일일까? 의아한 심정으로 곧바로 경부선 급행열차에 몸을 실었다. 반겨주신 심태진 장학관님의 명함을 들고 일러주신 교장실로 달려갔다. 나는 이렇게 하여 부산 K여중에서 무난히 서울 S고교로 전근하게 되었으니 이런 행운이 어디 있을까. 꿈만 같았다. 보잘 것 없는 내가 무슨 복을 타고 났기에 이런 귀인을 만나게 되었는지! 나는 동생들을 서울로 전학시켰다. 졸업을 해야 자립할 수가 있겠기에.

집도 폭격에 없어지고 어머니도 안 계신 서울에서 초라한 새 둥지를 틀었다. 슬픔 속에도 희망이 솟구쳤다. 가슴에 새겨진 깊은 감사표시로 절기마다 선생님을 찾아 문안드리는 것이 고작이었다. 그 큰 은혜를 무엇으로 어찌 다 갚으랴.

퇴임하신 후, 자녀분들이 마련한 고희연에 참석한 나를 선생님께서는 친히 "제 친구인 김영의 교장입니다."라고 소개하신 말씀은 영원히 지워지지 않는다. 신문 부고를 접해 달려간 영전에 나는 눈물 젖은 국화꽃 한 송이로 명복을 빌었다. 존경하는 심태진 선생님! 나의 은인이신 선생님! 목놓아 불러본다.

2015. 5. 15.

정이 쌓인 반세기
- 시인 김순오 교장님께 -

김순오 교장님, 아니 김순오 아우님! 보내주신 정겨운 편지 너무 반갑고 고마웠습니다. 그동안 우리의 만남이 50년이 넘다니 새삼 놀랐습니다. 푸른 숲 향기 가득하던 동문 나들이가 바로 엊그제 같은데 그새 창 넘어 가로수는 단풍으로 물들고 거리에는 낙엽이 뒹굽니다. 세월의 빠름이 어찌 갈수록 감지하기조차 어려워지는지요.

그래요, 우리가 처음 만난 곳은 S여고였지요! 1963년 평교사 시절. 그리고 1975년, 교육연구원에서의 해후는 특별한 것이었어요. 서울의 교직 사회가 그리 넓지 않다 하지만 두 번 만난 것, 더욱이 같은 부서에서 부장, 실장의 책임을 맡게 됨은 보통 인연이 아니지요. 당시 우리는 요동치는 세파에 밀려 교육계에도 휩쓴 풍파를 막아내며 학생들을 위한 일념으로 밤이 늦도록 교육현장의 진로, 상담, 성교육 등의 문제

해결에 온 힘을 쏟았던 때가 생각나네요. 흔히 '연구원은 서울교육 지표의 산실'로 인식되니, 우리는 교육 현안뿐 아니라 미래지향적인 자세로 현장지원을 위해 때론 함께 설전을 벌이듯 진지하게 토론하고 고민하며 순수한 사명감으로 동고동락했기에 더욱 끈끈한 정이 든 것이 아닐까요. 그때의 열정이 새삼 그리워집니다. 그 후에 제가 놀란 것은 12년 전과 너무 달라진 김 교장님의 모습입니다. 교무실에서 보아온 '미모와 몸매를 갖춘 앳된 모습의 다소곳한 평양 출신 아우님'이 곧은 꽃대에 '진 보라색 꽃을 피우며 들판에 꿋꿋하게 선 엉겅퀴 한 그루'로 다가온 까닭입니다.

너무도 당당하고 세련된 시인의 면모로 변했더군요. 그리고 업무에도 참신하고 새로운 아이디어를 내주어 신뢰하면서 믿음직한 내조자로 제 부족함을 메워주는 든든한 동지로 지냈으니 얼마나 뿌듯한 시간들이었는지. 이참에 고맙다는 인사를 덧붙여야 하겠습니다. 약 3년간의 그곳 근무 이후, 각기 앞서거니 뒤서거니 학교 현장의 책임자로 전근하는 가운데 1992년에는 서울대학교에서는 두 번째로 우리 사범대학 졸업생이 여성동문회를 발족시켜 부족한 제가 초대, 아우님이 3대 회장을 맡아 봉사하셨고요. 그것이 지금 총동문회의 활성화에 작은 밑거름이 된 것도 함께 맞들며 애쓴 보람으로 빼놓을 수 없을 겁니다. 그러다가 5년 전에 퇴임한 저의 뒤를 이어 1999년, 김 교장님도 퇴임하셨지요. 그날의 김순오 교장님은 '바위 끝에 향기 머금으며 억센 풍파

이겨낸 보랏빛 풍란'으로 비유하고 싶었습니다. 기억하시지요. 제가 퇴임 '축시' 한 편을 드렸던 걸. 정말 멋진 아우님이세요. 하지만 우리가 현직에 있을 때는 행여 글 쓴다는 구실로 학생지도나 학교 업무에 소홀함이 없기를 서로 독려하며 최선을 다 해왔어요.

김 교장님도 언급했듯 1999년부터는 홈페이지를 통해 서로의 문학 장르를 넘나들며 제2의 인생에서 문학을 익혀갈 무렵『문학의 집』-서울에도 함께 몸을 담아 오늘에 이르렀습니다. 돌이켜보니 시인 김순오 교장님은 재주 덩어리였어요. 노래면 노래, 사진, 편집 못하는 게 없으며 무엇이던 흔쾌히 협조를 아끼지 않았습니다. 그래서 늘 밝은 모습이지만 설핏 얼굴에 그림자가 엿보일 때는, 제 지나친 느낌일 수도 있겠지만…. 외동 따님으로 외롭게 자란 탓인지? 가냘픈 심성에 큰 슬픔을 겪어서인지? 저 혼자 안쓰러움을 삭히며 그냥 저의 일곱 동생들을 대하듯 물끄러미 바라보기 일쑤였어요. 그렇듯 우리가 80의 고개를 넘도록 자매처럼 아니, 늘 숨 쉬는 산소처럼 호흡하고 격이 없이 지나온 때문인지, 몇 해를 함께 해왔는지 감각도 없이 세월을 흘러 보낸 듯싶습니다. 마치 잘 익은 포도주처럼 우리의 성숙해진 우정이 깊은 맛을 냅니다.

사랑하는 아우, 시인 김순오 교장님! 한 가지 꼭 당부할 것은, 미수연이라니? 말씀만으로도 분에 넘칩니다. 우리가 뭐 그리 격식 찾는 사이입니까. 마음만은 뜨겁게 받고 세밑에 우리 한번 만나 망년회 겸 오붓하게 식사를 나눕시다. 그간의 감사를 전하고 또 앞날의 건강과 건필, 행운이 함께하기를 기원하며 소리 높여 건배를 들기로 하십시다. 단, 그 식대는 선배인 제 몫이라는 걸 기억해 주시며 그날을 고대합니다.

  시인, 김순오 교장님 사랑합니다. 그리고 감사합니다.

2016. 11.

삶의 진로를 바꿔주신 은사님
- 서은(西隱) 金基錫 교수님의 45주기에 -

먼 산자락 숲이 연녹색 너울 쓰듯 다가오고, 작년의 풀꽃이 아스팔트 갈라진 그 틈새로 다시 살아났다. 만물이 소생하는 계절이 왔건만 떠난 사람은 다시 볼 수 없다. 만물의 영장이라는 인간은 왜 다시 볼 수 없는지! 잠시 의문의 숨결이 사유(思惟)의 뜰로 걸음을 옮긴다.

참으로 오랫동안 잊고 살아왔다. 집에 돌아온 나는 컴퓨터 앞에 앉아 김 교수님의 프로필을 찾기 시작했다. 은사님을 가끔은 그리움으로 떠올리곤 했지만 그날처럼 우리 과(科) 선후배가 모여 교수님의 추모 모임을 갖자는 제안이 나온 것은 정말 반가운 일이었다. 이화회(二火會)라 칭하는 이 모임은 매달 둘째 화요일에 7~8명이 거의 4~5년째 지속적으로 만나 온 터. 유별나게 자유를 표방하는 서울대 사범대학 사회과 출신 원로동문 몇이 만나던 것이 회원 수가 늘면서 모임 형태가 갖춰져 이름도 자연스럽게 붙여진 것이다. 누가 주동하거나 규정한 것도 없이 그저 한 분이 자진하여 총무를 맡아 수고를 아끼지 않았다. 하지만 일단 모였다 하면 추억담은 시간 가는 줄 모르게 이어졌다. 졸업한지 50~60년이 지난 동문들이 서로의 안부부터 시작하여 여러 가지 정보교환은 물론 까마득한 옛날 교수님들의 강의시간 에피소드에 이르면 분위기는 고조된다. 이어 6.25전쟁 전 을지로 교사(校舍)시절, 부산 피난 천막 교사시절, 정전(停戰)으로 수복 후 용두동 교사시절에 이르기까지 화두는 다양하고 무궁무진했다.

이런저런 이야기 끝에 오는 11월이 김기석 교수님의 45주기라는 말이 나온 거다. 불현듯 교수님 그리움이 왈칵 솟구쳐 왔다. 그래서 인터넷을 뒤져보게 된 거다. 네이버, 구글, 다음을 열고 검색을 해봤으나 동명이인만 나올 뿐 자료를 찾지 못 했다. 이럴 수가! 그분이 어떤 분이신데 기록이 남아 있지 않다니! 아마도 내 인터넷 검색 능력이 미숙한 탓이려니 싶었다. 하여, 몇 번이고 시도를 했다. 내가 김 교수님에 관한 자료 찾기에 열을 올리는 데는 다 그만한 사연이 있기 때문이었다. 김 교수님은 나의 인생진로를 바꿔주신 분이다. 그럼에도 감사의 말씀도 제대로 못 드린 채 오늘에 이르니 나는 철없고 한심한 제자가 아니던가! 사랑만 받고 보답은커녕 사람노릇을 못한 처지였으니. 며칠 후, '그래도 무슨 단서라도 찾아야겠다!'는 결심으로 다시 도전했다.

마침내 네이버에서 '서은 김기석 사상의 재조명'이라는 대목을 발견하고 무척 반가웠다. 거기에서 '서은 김기석 사상을 재조명한 책, 김기석의 제자들이 쓴 여섯 편의 논문'을 만날 수 있었다. 한국사회과교육학회에서 1984년에 펴낸 『고 서은 김기석 교수 10주기 추모 특집호』에는 「사회와 교육」 제8집에 실린 한기언 교수의 「서은 김기석의 생애와 사상」, 김성진 교수의 「서은 김기석의 철학사상」, 김태영 교수의 「김기석의 '의'의 윤리사상 연구」와 한국교육철학학회에서 1987년에 펴낸 「한국 교육철학의 개척자들, 그 생애와 사상」 속에 주봉노 교수의 「서은 김기석의 생애와 사회교육사상」, 이태근 교수의 「서은 김기석의 교육사상과 유산」을 실었다.'는 추모 호 내용이 소개되어 있었다.

한편, 네이버에는 문용린 교수가 작성한 「운주 정범모 교수님 출판기념회 그가 걸어오신 길」을 소개한 칼럼에서 문 교수는 '-전략. 그 당시에 첨단을 달리던 세 분의 철학자들, 김기석, 김석목, 김계숙 교수님들의 명강의에 빠져 철학에 몰두하고, 4학년 졸업 논문도 철학을 주제를 작성~'이라고 밝히고 있다. 왜 사회과 노(老)동문들이 고 김기석 교수님을 받들어 추모코자 하는지, 그 심정을 충분히 짐작하고도 남을 것이다.

49학번인 나는 당시 가정과 1학년에 입학하여 학문의 깊은 내용도 잘 알지 못하면서 가정과 강의와 겹치지 않는 틈을 타 김기석 교수와 김석목 교수의 강의에 끌려 열심히 학점을 따고 있었다. 어쩌면 나는

스스로 의식치 못했지만 내 속에 가정과보다 사회과적 성향이 더 내재
돼 있었던 것 같다. 학년 말인 어느 날, 김기석 교수님이 부르신 다기
에 '큰일 났구나. 얼마나 꾸지람을 하실까!' 떨리는 마음으로 연구실로
들어섰다. 교수님은 뜻밖에도 미소를 지으시며 앉으라고 하시더니 대
뜸 물으셨다. "학생, 사회과에 오고 싶나?" 너무 놀란 나는 미처 대답
도 못하고 어깨만 움츠리고 서 있었다. 후에, 가정과 주임교수에게 호
되게 꾸지람을 들었으나 그건 마땅히 감수할 수밖에 없는 일. 이렇게
하여 나는 뜻밖에도 가정과에서 사회과로 전과(轉科)한 후, 2학년이 되
었다. 평소 존재도 희미한 한 학생에게 이토록 관심과 사랑을 베푸신
선생님! 선생님이 아니었다면 나의 인생은 어떤 방향으로 흘렀을까?
늦게나마 진심으로 깊은 감사를 드린다.

'한 치 앞을 모르는 것이 인생이고 인간사'라고 했던가. 이 추모 행사
를 주관하던 후배 김성진 교수(성신여대)가 지난여름, 응급실에 실려 간
후 갑자기 세상을 떠났다. 안타깝고 어이없는 일로 동문 모두가 큰 충
격에 빠졌다. 때문에 얄팍한 추모지라도 엮어 보자던 계획도 바람에
날아갔다. 대학을 졸업한 지도 어언 66년이 흘렀다. 이제 우리 또래
동문들도 하나둘 사라져간다. 어제 떠난 친구들이 살고 싶어 하던 오
늘을 나는 선물로 받아 아직도 살아 있다. 세태가 급변을 거듭하면서
잊히고, 버려지고, 잃어져 가도 우리네 가슴 깊이 심어진 은사님의 고
귀한 인간적 품성과 철학적 가르침, 베풀어 주신 사랑을 헛되게 하지

않으려는 의지로 남은 날들을 가다듬어 살리라 되새겨 본다.

지난해 11월 21일은 고 김기석 교수님 서거 45주기였다. 추모 모임은 갖지 못한 채 스승님의 높으신 뜻과 따뜻한 제자 사랑에 다시 한번 고개 숙여 존경과 감사를 드리며 부족한 제자는 진심으로 이 글을 올립니다.

2019 12. 29.

시간이 멈춰선 자리

한적하고 아담한 간이역, 양평 구둔역을 향해 차는 달리고 있었다. 구둔역과 이어진 마을에 그녀가 이뤄 놓은 자미원(紫微園)동산이 있다. 시선이 머무는 곳마다 연두색 신록이 눈부신 5월, 아름다운 봄 풍경이 창밖을 흐른다. 계절을 잊은 듯 5월 초까지만 해도 겨울을 들락거리던 날씨가 며칠 사이에 이리도 화창한 봄 날씨를 불러 올 줄이야.

제자들과 두 대의 차에 나누어 타고 30분 남짓 달린 것 같다. 기사 옆자리에 앉아 간간이 길 안내를 하던 그녀는 "제가 웃기는 이야기 할게요." 하고 말을 꺼낸다.

얼마 전에 친구인 K가 찾아왔더란다. 자신의 재혼문제를 놓고 고민 끝에 상담하러 온 것이다. 절대 재혼 같은 건 안 한다던 K는 친구의 강요에 못 이겨, 어느 날 선보는 장소에 나가게 되었다. 인사를 나누고 고개를 드니 70대 초반이라는 그 노신사는 어디선가 본 듯한 낯익은 얼굴인 것이다. 잠시 후, K는 떠오르는 기억에 소스라치게 놀라고 말았다. 그 남자는 바로 중학교 때 선생님이었기 때문이다. 이럴 수가! 당혹스런 K는 다시는 만나기를 거부했으나, 그 상대는 매우 적극적일 뿐 아니라 상사병까지 얻게 되었다는 거다. 진퇴양난에 처한 K는 괴로운 심정으로 평소 속 깊고 친숙했던 그녀와 상의하고 싶어 왔다는 사연이다.

"그래, K에게 뭐라고 했어?"

그녀는 단호한 어조로 "절대 하지 마라. 그건 불행의 씨가 될 테니까"라고 해줬지요. "이젠 K도 마음을 잡았고요." 하며 으흐흐 소리 내어 웃으면서 고개를 돌려 내 표정을 살핀다. 나는 속으로 '요즘 세상이 바뀌어 재혼하려는 풍조가 강한데, 아직 젊은 사람들이 어째서?' 유독 그 건에 완고한 듯 느꼈지만 "친구에게 대단한 일 했네."라고 말했다. 평소 과묵한 그녀답지 않게 앞만 보고 달리는 기사를 향해 "기사님도 들어 보세요. 아마도 인생 공부에 도움이 될 거에요." 하며 이번에는 자신의 지난날을 들려주기 시작했다.

6.25 피난 시절, 검사였던 그녀의 아버지는 검찰청 선발대의 책임을 지고 미리 서울에 와서 근무하게 되었다. 정부가 수복 전이라 부산의 가족과 떨어져 검찰청 당직실에서 기거하며 근무하던 어느 여름 밤, 약주에 취해 옥상에서 더위를 식히다가 발을 헛딛는 낙상사고로 아버

지는 어이없게 돌아가셨다. 그녀가 초등학교 2학년 때 일이다. 어머니는 어린 사 남매를 거느리고 외로운 고생길에 접어들었고 경제적 도움이 필요했기에 호구지책으로 재혼을 한 것이다. 새아버지는 마음이 따뜻하고 착한 분이었지만 그녀와 오빠는 집에 마음을 붙이지 못하고 어두운 세계를 헤매며 갈등 속에 살아가야 했다. 학업에도 집중 못한 채 큰 상처를 안고 방황하였으니 이것이 가정의 비극이 아니고 무엇이랴. 차라리 밥을 굶을지언정 엄마랑 오순도순 살았더라면 좋았을 것을. 오빠는 지금도 엄마와 연락을 안 한다며 쓸쓸하게 웃음을 흘리며 말을 맺었다.

하지만 정작 쓸쓸하고 바늘방석에 앉은 듯 가슴 저린 것은 다름 아닌 그녀의 눈물 어린 이야기를 듣고 있던 바로 나였음을 누가 알랴. 고등학교 시절 그녀의 담임이었던 내게 비친 그녀는 항상 반에서 수석을 다툴 만큼 학업에 뛰어났고 학급의 반장이라는 직책을 맡아 기꺼이 봉사했다. 새아버지 밑에서 살지만 매사에 심지가 깊고 과묵한 아이, 가끔 그늘져 보이긴 했지만 착하고 대견한 모범생으로만 알고 있었다. 어려서 불의의 사고로 아버지를 잃은 아픔, 사춘기에 새아버지 밑에서 얼마나 마음의 갈등과 상처를 안고 살아가는지. 겉만 보았지 미처 속 마음까지는 살펴 줄 생각은 못 하였으니. 비록 50년이 지난 지금이라도 두 손을 뜨겁게 맞잡아 주고 싶었다.

'미안해! 헤아려주지 못해 미안했어. 그런 줄은 몰랐어.' 하나, 마음

일 뿐, 앞에 앉은 그녀의 눈빛조차 읽을 수가 없었다. 그 순간 시간이 정지된 듯 50년 전 그녀의 아픔을 공감하며 그 속에 나의 심신이 함께 빠져든 것 같았다.

자미원동산은 황홀했다. 두 줄기의 분수는 우리를 환영하듯 하늘 높이 치솟았고 붉고 희고 노란 아잘리아 꽃들이 활짝 피어 꽃무리로 넘실거렸고 갖가지 과수가 저마다 뽐내듯 꽃향기를 뿌리고 있다. 주변에 흐드러지게 피어난 예쁘고 앙증맞은 야생화들, 무릉도원이 이보다 아름다울까 싶다. 어릴 적 가난과 슬픔과 아픔을 딛고 이룩한 주인공의 순수한 아리따움이 그곳에 녹아든 것이리라. 나는 멈춰진 시간 속에서 겨우 헤쳐 나와 차려진 식탁 앞에 이끌려 갔다. 그녀가 전날 와서 준비해놨다는 비빔밥이 기다리고 있단다. 둥근 식탁에 여덟 명의 제자들과 빙 둘러앉아 함께 머리를 숙였다. '반세기 전 한 반에서 함께 공부하던 친구들이 산전수전 겪으며 오늘이 있기까지 살아남아 선생님을 모시고 이 자리를 가질 수 있는… 아멘.' 눈을 뜨고 수저를 들려던 순간 "와아우~" 하는 탄성과 동시에 모두 숨을 멈춰야 했다.

비빔밥 그릇 속에 담긴 것은 야채도 나물도 아니었다. 거기엔 제비꽃 보랏빛 꽃송이들, 하얀빛 냉이 꽃송이, 그리고 꽃다지 노란 꽃송이가 파릇한 쑥과 어우러져 흰쌀밥 위를 장식하고 있지 않는가. 그곳의 오염되지 않은 자연 청정의 야생화 꽃송이비빔밥. 아니다. 이것은 그녀의 정성이고 땀과 눈물이며 필생의 삶의 보람이 담겨 있는 것이다. 뿐만 아니라 함께한 그녀들 모두의 삶의 역경마저도 다 싸안아 버무린 비빔밥이며 꽃송이 송이가 유독 불우한 환경에 놓였던 그녀들의 눈물인 양 내 눈에 아롱거렸다.

나는 간신히 빠져나온 시간 속으로 다시 걸음을 옮겨 그 안에 들어섰다. 어이없는 일이었다. 내 딴에 '순간순간 최선을 다하는 삶'을 목표로 부끄럽지 않으려 살아왔다. 그리고 명색이 학생지도 우수교사, 카운슬러로 평생을 쏟아왔건만 그것은 얕은 물에서 첨벙대던 일이였나 보다. 인간에게 후회 없는 삶이란 불가능한 것일까. 눈부신 햇살마저 쓰디쓴 비웃음인 양 번져 오는 것은 시린 가슴의 아픔 탓일까. 멈춰진 시간 속에 남은 초췌한 내 모습일까.

2010. 5. 17.

어떤 삶의 흔적

봄이 익어간다. 그동안 코로나19, 팬데믹(pandemic) 파장으로 온 세상이 마치 회색 안개에 갇힌 듯한 나날이었다. 5월의 햇살이 감염 분위기가 진정되어 가는 기미와 함께 맑고 시원하다. 베란다 유리문 너머 하얀 아스팔트 위에 유모차를 앞세운 젊은 엄마가 지나간다. 어느 집에 사는 걸까? 유모차를 쫓던 그녀의 눈과 마음은 어느새 가물거리는 옛날로 달려간다.

새 학년도가 시작되고 한 달쯤 지난봄, 뜻밖의 일이 그녀에게 닥쳤다. 그것은 놀라기도 불안하기도 했으나 가슴 설레기도 했다. 동료들 사이에서 전례가 없던 인사였다. 때는 5.16 혁명 후, 서슬 푸른 분위기가 감돌고 공포와 혼란의 먹구름이 드리웠던 시절. 1974년, 새마을 교육을 목표로 전국의 교장, 교감들을 차출해 6일간 '그 철학과 행동

방향을 익히고 심화'시키기 위해 집단수련을 관장하는 기관에 장학관 발령이 난 것이다. 근무지는 삼청동의 'ㅇㅇㅇㅇ연구원.' 그녀가 맡은 지도과는 매주 초에 새로 입소하는 300명 연수생들의 시도별 신분확인, 숙소 배정, 위생상태 점검, 식사 제공, 취침 전 분임토의 운영, 건강관리 등 생활전반이 불편 없도록 보살피는 일이다. 그러자니 여러 가지 어려움이 있지만 장학사들의 협력으로 뜻있는 새마을교육을 잘 마치도록 힘을 쏟았다. 그 결과 매 기마다 주말평가에서 흡족했다는 반응에 수고의 보람을 갖게 했다. 실은 학교보다 원거리 통근의 어려움, 출퇴근 시간의 변동, 근무시간의 연장, 시간 수당의 감소 등 난관이 한두 가지가 아니었다. 게다가 학교와는 너무 다른 업무인지라 내심 걱정이었으나 순조로운 나날이 흘렀다. 그런데 얼마 가지 않아 그녀에게 예상치 못한 사건이 발생했다.

그 문제는 300명의 하루 세끼 식재료를 검수하는 일이 그녀의 책임이기 때문이었다. 이를테면, 영양사가 작성한 식단에 고등어구이 한 마리씩이라면 적어도 비슷한 크기의 300마리가 준비되어야 하고, 고기라면 '일인당 몇 그램'하는데 기름 덩어리가 많이 끼어왔다면 당연히 반품교환을 해야 된다. 아니면 검수 도장을 찍을 수가 없다. 서무과에서 업자에게 경고해 대처해야 한다. 그런 실랑이가 거듭되던 어느 날, 서무과장이 그녀를 찾아왔다. "그리 까다롭게 하면 어떻게 원장 뒷바라지를 하겠느냐?" 적당히 넘어가자는 뜻이다. 그녀는 비리를 눈감을 수 없었다. "그럼 당신이 검수하세요. 저는 못합니다." 단호하게 맞섰다. 올 곧은 그녀의 성품이 그걸 용납하지 못한 것이다. 해가 바뀐 정월 어느 토요일, 퇴근시간 무렵에 원장실에서 호출이 왔다. '올 것이 왔구나.' 그녀는 마음을 다잡고 원장실 문을 열었다. 비서도 퇴근하고 원장과의 독대였다.

"서무과와 왜 협조를 못합니까?" 원장의 첫 마디다.
"저로서는 할 수 없는 일을 해달라고 합니다." 서슴없이 응수했다.
"그렇게 못하는 일이면 그만두고 나가세요!" 어이없고 기가 막혔다.
"전 공무원입니다. 대통령 발령으로 이 자리에 와 있습니다. 제가 오고 싶어서 오고 가고 싶어서 갈 수는 없어요. 정 그러시다면 그동안 새마을 연수에 헌신한 경력에 걸맞는 자리를 추천해 발령을 내주세요."

차분히 말을 남긴 그녀는 떳떳이 나왔다. 조용한 몇 주가 지난 후 원내 인사이동이 있다는 소문이 떠돌았다. 2월 초, 예상대로 그녀의 자리는 옮겨졌다. 미련 없이 자료과로 갔다. 한데, 웬일인가? 자료 과에 사무실 배당이 안 된 것이다. 그녀는 '원장실 바로 옆 로비에 칸막이를 구해 사무실로 사용하자'고 직원들을 납득시켰다. 정말 이럴 수가 있나! 일주일 후에야 사무실은 배정되었다. 웬일인지 한 달 뒤 원장은 다른 곳에 전근되었고 또 얼마 지난 후, 불미스런 일로 면직됐다고 알려졌다.

자료과장인 그녀는 전국 교육자료 전시실을 마련하고 새마을정신을 표방하는 우수교육 자료를 개발 제작케 하여 각 시, 도마다 활발한 연구 활동을 독려했다. 뿐만 아니다. 틈새 시간과 퇴근 시간 후를 이용하여 선진각국의 여교사 출산, 육아 휴직제도의 자료를 수집했다. 자신이 뼈아프게 체험한 교육현장에서 여성이 겪는 불공평하고 모욕적인 처우, 학생에게 교육적 결손을 주는 요인, 직장과 가정의 양립에서 겪는 애로사항을 낱낱이 검토했다. 특히 출산과 육아로 인한 교직 공백기의 제도적 모순과 갈등 등을 되짚으며 선진국 수준의 합리적 제도화의 필요성과 우리 실정에 맞는 모형을 개발하여 교육부 교직 국에 제안했다.

「여교사 출산. 육아 휴직에 관한 법률(안)」 얼마 후, 그 자료가 국회를 통과했다. 오늘날 여교사가 출산 후 3년, 2회 무급휴가지만 복직이 보장되며 출산과 육아가 교직자에게 산교육 경력이라는 취지도 인정되어 경력에 연계 채택된 것이다. 얼마나 큰 성과인가!

'인생은 새옹지마(塞翁之馬)'라 하듯, 그때 자료과로 밀려나지 않았던들 어찌 이런 대단한 일을 할 기회가 주어졌을까! 양심을 저버리지 않는 삶, 아무도 알아주지도 않고, 알지도 못하는 삶. 하지만 그녀는 이 땅에 태어나 사람답게 성실히 살아왔다는 '자존감' 하나를 '가슴속의 훈장(勳章)'으로 소중하게 간직하고 살아간다.

2020. 5.

이 간절함을 어찌하랴

'버킷 리스트(Bucket list) 2008.' 죽기 전에 꼭 봐야 한다는 이 인생 영화를 보셨나요? 시한부 판정을 받은 초로의 두 남자가 만난다. 이들은 전혀 다른 인생을 살아왔음에도 불구하고 얼마 남지 않은 인생 목표에 의기투합하여 함께 여행을 떠난다는 내용이다. 때문에 영화의 제목으로 쓰인 '버킷리스트'란 단어는 흔히 '죽기 전에 꼭 하고 싶은 일, 혹은 해야 할 것들'이란 뜻으로 통용되고 있다. 물론 젊은이나 중년들 중에도 자신의 인생항로에서 꼭 하고 싶은 것, 해야 할 것의 목표나 목록을 만들어 실천하려는 의지나 노력을 위해 얼마든지 버킷리스트를 만들고 도전할 수 있을 것이다. 더구나 남은 삶의 마무리를 위한 노인세대라면 마땅히 간절한 바람이 될 것이다.

돌이켜보니, 한 평생을 후회 없이 살게 되길 기원하며 달려온 내게도 마지막 리스트가 하나 남아 있다. 살아 있는 동안 다시 한번, 미국 포틀랜드 공원묘지를 찾는 일이다. 거기에는 친정 부모님 유해를 안치해놓은 납골당이 있어 한두 번을 다녀오긴 했지만, 4년 전 친정 남동생이 폐암으로 떠난 장례식에나 그곳에 묻힌 때도 가보지 못한 때문이다. 우리 팔 남매는 맏이인 내가 20대 초에 조실부모하였으니 동생들이 오로지 나를 의지하여 살아왔다 해도 과언이 아닐 것 같다. 어찌어찌 모두 장성하여 각자 나름의 가정을 꾸려 살면서 그 남동생은 미국에 사는 둘째 누나를 따라 이민을 간 거였다. 그러던 중 뜻밖에 그녀가 8년 전, 골수암이란 진단을 받고 투병 중이니 거동이 자유롭지 못했다. 게다가 나는 관절염으로 걸음이 불편할 뿐 아니라 척추협착증에 디스크까지 겹친 형세라 우리 애들이라도 보내려 했으나 그마저 여의치 않아 오늘에 이른 것이다.

그러니 내게 한이 될 수밖에 없지 않는가. 친정에는 남동생이 둘이었으나 큰 남동생은 6.25전쟁 때 참전 후, 일찍이 유명을 달리하고 말았다. 남겨진 작은 남동생, 그는 어릴 적부터 가정적, 사회적 격동 속의 파란만장한 삶을 산 것 같다. 그래서 중년에 고국을 떠나 자유의 나라 미국에 이민을 결심하고 둘째 누나의 가족이 사는 시애틀 근처 오리건 주 포틀랜드에 둥지를 튼 것이다. 그는 낯선 땅에 새로운 꿈이나 큰 희망보다는 다지 양심의 평온과 가정의 행복을 원했었다. 온 가족이 따뜻한 마음으로 단란한 보금자리를 꾸며 살아가려는 소박한 바람을 안고 태평양을 건넌 것이 진솔한 그의 심정이리라 느껴졌다. 그는 열 살 때 엄마를 잃고 가슴에 맺힌 슬픔을 어디서 한번 실컷 통곡이나 할 수가 있었을까. 생각하면 내 가슴이 찢기듯 아파온다. 그때 스물세 살인 내게도 피난지 부산에서 닥친 어머니의 타계는 너무도 큰 충격이고 경황이 없어 자신조차 추스르기에 힘겨웠다. 그러니 동생들 하나하나의 마음을 살핀다는 것은 생각조차 못한 일이었다. 어쨌든 하늘이 도와 여동생들은 고교를 마치면 취직하여 주경야독으로 진학하여 자립의 길을 찾도록 했고, 바로 밑의 큰 남동생은 이미 전쟁에 희생된 터, 작은 남동생만은 꼭 대학까지 졸업시켜야겠다는 누나들의 열망으로 어렵게나마 명문대학 토목과를 우수하게 졸업하고 취직까지 순조롭게 된 것이다.

자격과 재능을 갖춘 그는 그림, 차트 만들기를 도맡아 했고 전공 분야에서도 실력을 발휘했다. 당시 새마을운동이 한창인 때라 시청 내 브리핑자료는 모두 맡아 밤새 급히 제작하는 등, 업무에 크게 기여했으나 현장은 모략중상이 판을 치는 형국이었다. 고지식하게 원리원칙을 지키려다 폭력에 휘둘려 생명을 잃을 뻔한 위협을 수차례나 겪다 못해 옷을 벗었다. 그리고 당시 해외 건설 분야에 약진하던 율산, 현대에서 파견되어 사우디 등 공사현장에서 활약했다. 그러다 보니 오래 가정을 비어 부부간의 오해와 갈등, 아이들 교육문제 등이 심화될 수밖에 없었던 것 같다. 이런저런 난관에 부딪치면서도 그는 공무원 1년

차 봉급을 절약하여 용미리에 묘지를 구입했다. 피난지에서 돌아가신 부모님의 유해를 연고 없는 절에 모셔두었던 우리는 비로소 그 남동생 덕에 두 분을 따뜻한 흙 속에 고이 잠들게 해 드리는 눈물겨운 감격과 감동에 감사의 눈물을 흘렸다. 그 후 그 동생은 다시 부모님을 껴안고 이민을 떠났으니 얼마나 기막힌 효도의 실천인가. 그러나 그 효자는 지금 부모님 모신 포틀랜드 메모리얼 파크 푸른 잔디 아래 누워 있다. 부모님 납골당이 바라보이는 그 공원 언덕에 이민 생활 20여 년을 보내고, 74세로 11월 4일에 폐암을 버티지 못해 눈을 감았다.

장수시대라 불리는 오늘날, 우리 어머님은 46세에 저세상으로 가셨으니 올해로 90이 넘은 나는 벌써 그 2배의 세월을 살고 있다. 살아 있다는 것은 무엇을 의미하는가. 해야 할 의무와 책임이 따를 터. 그러니 나는 꼭 해야 할 '마지막 버킷리스트'를 정했는데 낙상의 변을 당했으니. 마음은 그곳으로 달려가는데 몸은 자유롭지 못하니 아~ 이 간절함을 어찌하랴! 그 동생 4주기가 다가온다.

'네가 있어 우리 친정이 떳떳했는데. 오랫동안 애 많이 썼다. 정말 고맙다. 착한 동생, 김학건 효자야! 부디 편히 쉬어요.' 그리고 '아버지, 어머니. 용서해주세요. 가서 뵐 수 없는 이 여식을! 찾아가서 장미꽃 한 송이 바치고 감사와 사랑의 입맞춤을 보내고 싶었는데.'

2019. 6.

5부

그림자와 노인

주홍빛 석양을 바라보며 '모든 존재는 아침 이슬 같아서 잠깐 있다가 사라져 버리며, 또한 그림자와도 같아 참다운 실체가 아니다.'라는 어느 철학자의 글귀가 되살아난다. 붉게 타오르며 마지막을 장식하는 노을 너머에 남은 나의 세월을 헤아려 본다. 활짝 열린 빈 가슴에 실오라기 같은 한줄기 바람이 고맙다.

아직도 벤치에 앉은 그 노인의 모습이 한 폭의 그림인 양 잔잔히 다가오는 것은 내 마음의 허상일까!

그림자와 노인

어느새 중복도 지나 더위가 막바지에 치닫는다. 마치 여름의 마지막 열기를 다 소진하려는 것 같다. 이젠 올 한 해도 이미 기울어가니 구성진 매미 울음이 가을을 재촉하질 않는가! 그동안 장맛비가 며칠째 쏟아붓더니 오늘은 반짝 든 햇살이 타오르듯 눈가에 부서진다. 찜통처럼 올라오는 지열을 피해 그늘을 찾아 걷는다.

지루하고 나른한 오후의 긴 그림자가 기지개를 켜듯 늘어지며 따라붙는다. 해를 뒤로하고 걸으니 그림자가 앞에서 가고, 해를 안고 걸으면 그림자는 뒤에 따라온다. 햇빛의 투영작용으로 그림자가 생기니 그림자는 빛이 만들어 낸 동반자가 아니던가. 해가 구름 사이에 가려지면 그림자는 순식간에 사라진다. 또 걷다가 서면 그림자도 멈춰서고 내가 움직이면 그림자도 함께 움직인다. 비록, 움직이기는 하지만 그

속에는 동적 에너지나 의지가 존재하지 않으니 단지 정지된 상태에서 평면적으로 연속된 영상에 불과하다. 그러니 빛이 머무는 시차와 각도에 따라 그림자의 위치는 바뀌어 투영될 뿐이다.

한 노인이 자신의 그림자를 발견한다. 그리고 유심히 바라보고 있다. 문득 어릴 때 그림자놀이를 하며 즐기던 기억이 떠오른다. 불 밝힌 방에서 두 손을 마주 끼워 포개고 엄지를 세워 문창호지에다 대면 토끼나 개의 그림자가 만들어진다. 그 그림자에는 뭉뚱그려 비추는 토끼나 개의 형상만 보일 뿐, 아이의 도톰하고 귀여운 손바닥이나 힘겹게 끼워 넣은 통통한 손가락의 마디마디는 보이지 않는다. 형상은 있되 감각은 니디니지 않으니 그 느낌은 아이 자신의 것일 뿐이다. 노인은 허리를 반뜻이 세우며 당당한 걸음으로 발을 떼어본다. 반듯하게 걸으면 곧은 그림자가, 절룩거리며 걸을 때는 불안정한 그림이 그려진다. 노인이 걸어가는 그림자는 뒤뚱뒤뚱 절룩거림으로 이지러지게 비췬다. 다시 멈춰 서서 반듯한 그림자가 비춰지도록 자세를 바로잡고 걸어 보지만 그림자는 속아주질 않는다. 노인은 걸음을 멈춰 서서 깊은숨을 푹 내쉬며 다시 걷기 시작한다. 하지만 절룩절룩 일그러진 자신의 그림자를 보면서 걸어가는 그의 허리와 다리는 더 아플 뿐이다. 그의 속내는 시리고 마음마저 아프게 다가온다.

   노인은 자신의 삶의 무게로 좌초된 제 모습이려니 체념하듯 가슴을 쓸어내린다. 잠시 후 노인은 다시 허리를 일으켜 그늘을 찾아 벤치에 앉는다. 그림자는 여전히 따라붙고 있다. 어느새 그는 고개를 숙인 로댕의 조각처럼 생각에 잠긴 채, 지나온 긴 세월의 잔해를 파헤쳐 보듯 깊은 사색에 빠져드는데 그림자는 윤곽도 움직이질 않는다. 거기에는 절룩거림이나 존재의 실상 따위는 엿보이지 않는다. 고요한 내면의 숲 속에서 이제껏 살아온 경륜의 세계를 체념한 듯 무의식의 늪에 빠져드는 것이 아닐까! 노인은 무엇을 생각하고 있는 것일까? 아파트의 숲을 물끄러미 바라보며 인생의 무상을 되씹고 있는지 아니면 번뇌와 시름을 저 떠도는 구름에 실려 보내려 하는 것일까! 노인의 얼굴에 엷은 그림자가 머문다. 그것은 빛에 투영된 영상도 아니고 그늘을 만들고 있는 나뭇가지의 그림자도 아니다. 가슴속에 응어리진 상흔일 수도 있고 어쩌면 이지러진 자신의 모습에 대한 연민의 마음이 스쳐가는 어둠

인지도 모른다. 이토록 그림자 속에 자신의 현실을 실감하며 인생을 살고 노년을 살아감이 어찌 이 한 노인뿐이겠는가!

자연의 변화가 춘하추동 사계절 속에 순환하면서 끝없이 이어져 나가듯 인생의 과정도 삶과 죽음이란 양면적 상황이 하나의 연속된 현실로 이어져가는 단면이 아니겠는지!

이른 봄 모든 이의 가슴에 새로운 희망을 싹트게 하며 활짝 피었던 화사하고 아름다웠던 꽃들도 때가 되면 힘없이 꽃은 지고 잎은 시들고 마른다. 그리하여 푸르디푸르렀던 잎사귀마저 떨어져 벌거벗은 나목(裸木)으로 겨울을 맞는 자연의 순리를 따른다. 우리도 개나리 진달래 그리고 넝쿨장미처럼 말없이 순명(順命)하는 아름다움을 지닐 수가 있을까? 한 인간의 삶의 발자취와 보람, 업적과 성과, 이념과 현실, 어둠과 밝음, 연약함과 강인함, 내면과 외면 등 모든 인생의 양면성을 바라본다. 그러나 그것들은 현재적 영욕의 크고 작음이나 앞과 뒤일 뿐, 높고 얕음의 의미는 무엇이며 종국에 남는 것은 무엇이겠는가!

흔히 인생은 한갓 헛된 꿈에 불과하며 이슬과도 같다고도 한다. 그렇다 할지라도 '무덤이 그 종말이 될 수 없음'을 또한 새겨보지 않을 수 없다. 그러기에 이 세상 넓고 넓은 싸움터에서 최후의 순간까지 진실하고 진지하게 주어진 삶의 몫을 다하고 내일 다시 떠오를 태양을 맞아야 하지 않을까. 그리하여 그림자를 쫓던 어느 노인처럼 그림자에 비친 그 모습이 자신의 생애와 가치 또는 인격과는 연관 없는 그저 시간이 가져온 한 생명체의 계절적 퇴행의 모습이려니 담담히 받아들일 수 있기를 소망해 본다.

　주홍빛 석양을 바라보며 '모든 존재는 아침 이슬 같아서 잠깐 있다가 사라져 버리며, 또한 그림자와도 같아 참다운 실체가 아니다.'라는 어느 철학자의 글귀가 되살아난다. 붉게 타오르며 마지막을 장식하는 노을 너머에 남은 나의 세월을 헤아려 본다. 활짝 열린 빈 가슴에 실오라기 같은 한줄기 바람이 고맙다.
　아직도 벤치에 앉은 그 노인의 모습이 한 폭의 그림인 양 잔잔히 다가오는 것은 내 마음의 허상일까!

2011. 8. 24.

마르지 않는 샘터
- 10년 넘은 Spring 모임 -

"휴님! 그 공주님 몇 살이 되었지?" 손녀와 나란히 앉은 휴에게 목련이 웃음 띤 얼굴로 묻는다. 산해진미로 풍성한 피로연 좌석에 둘러앉은 그들 사이는 이날의 특별한 기쁨과 즐거움으로 톡톡 튀는 대화가 춤을 추듯 오간다. "아니, 벌써 다섯 살이라고요? 정말 세월이 빠르네요. 산님네 아기는요?" 모두가 고개를 끄덕이며 공감한다. 신록의 풋풋한 향기 넘치는 4월의 주말. 허브는 "세상에! 이렇게 날씨까지 맞춘 듯 화창할 수 있을까!" 하며 감탄한다. 누군가 "소나기님! 다음 우리 모임 언제로 해요?" 계속되는 야릇한 호칭! 옆자리 하객들이 오가는 낯선 말에 힐끗거리며 서로 수군댄다. 별에서 온 사람도 아닐 텐데? 의아해한다.

두어 달 전만 해도 전혀 기색도 없던 재스민 댁에서 큰딸 혼인 준비로 눈코 뜰 새 없다는 즐거운 비명이 흘러나와 모두를 놀라게 했다. 우리 멤버들 중 가장 젊은 소나기네 마저 딸을 결혼시킨 터에 재스민네만은 장성한 두 딸의 소식이 없어 실은 눈치가 보이기도 했다. 한데, 큰딸에 이어 가을에 작은딸까지 혼사를 치르게 됐다는 소식에 놀랍기도 하지만, 엄마인 재스민이 얼마나 바쁘면서도 한편 후련할까 이해될 것 같다. 그러니 우리 모두의 경사로 기뻐하며 축하는 물론 들뜨다시피 하며 잔칫날을 기다리던 참이다. 이들이 휴, 재스민, 허브 등 남다른 호칭으로 부르게 된 것은 10년 전으로 거슬러 간다. '10년이면 강산이 변한다.'는 말도 있지만, 요즘은 10년은커녕 5년도 못가 확확 바뀌는 세상에, 우리 모임이 10년 넘게 흩어짐 없이 지속돼 온 것 또한 예삿일이 아니지 않을까. 게다가 '스터디그룹'으로 말이다.

당시 그녀들의 자녀가 중·고등학교를 다니는 한참 사춘기 무렵이다. 우리사회의 급격한 현대화의 물결에 휘말려 본래 어려운 자녀교육이 한층 더 힘들고 난감한 때였던 것 같다. 마침 퇴임 후, 낙향한 나는 이젠 그저 편히 자연에 묻혀 살고자 느긋한 세월을 보내고 있었는데 어찌 알아냈는지, 자녀교육 상담카운슬러였다는 것이 들통이 나버린 거다. 사정사정해도 막무가내인 엄마들의 간청에 밀려 "마지막 봉사로 해보지요. 단 무료에요."하고 동사무소에서 「올바른 부모 역할 체험학습」을 시작한 것이 2003년 봄의 일이었다.

'부모는 아이들의 거울'이라고 한다. 마치 어미 게가 새끼들에게 '똑바로 가려면 이렇게 가야 한다.' 하면서 어기적거리며 옆으로 기어가니 새끼들은 어미를 따라 옆으로 갈 수밖에 없던 것처럼. 자녀들은 부모의 말이나 가르침보다 그 뒷모습을 보고 자라며, 부모를 본 따 배워간다. 때문에 부모는 '좋은 부모 되기'에 앞서 한 인간으로서 좋은 모습을 가져야 한다. 그러니 무엇보다 '나는 누구인가?' 하는 자기 내면의 통찰이 먼저 필요하다. 하여, 우리 모임은 우선 서로가 나이나 겉모습, 학벌, 여건 등에서 완전히 벗어나 「나. 지금, 여기」에서 다시 태어나 '꼭 하고 싶은 것' '되고 싶었던 것' '이루지 못한 꿈' 등 심층적 자기 소망을 담아 별칭을 짓는데서 시작하게 했다. '재스민 꽃처럼 향기로운 삶이고자 재스민'이라고. '휴'는 의사였지만 외동딸로서 부모님의 청을 받들어 주치의, 운전기사, 전속비서의 역할을 맡으니 자신의 시간, 공간, 휴식은 염두에 둘 수가 없는 터. 쉬고 싶은 간절함으로 '휴(休)'라고 이름 했다. 이렇듯 각자 별칭을 통해 속마음을 털어놓으며, 항상 맑은 샘이 솟듯 살자는 뜻으로 모임의 이름을 '스프링 그룹(Spring Group)'이라고 붙였다.

학습활동의 예로, 문제지를 돌리고 엎어놓게 했다. 그리고 "여러분, 문제는 반드시 끝까지 읽은 후에 풀어야 해요. 꼭 약속을 지킬 수 있는지요?" 하고 모두 손을 들게 했다. "좋아요. 지금부터 '3분 테스트' 문제를 푸세요. 단, 시간은 3분이에요." 엄마들은 바쁘게 풀기 시작했다. 3분 후 '그만' 하고 중단시키고 확인을 하니 답은 문제지에 '자기 이름 쓰기' 뿐. 약속을 지켜 끝까지 읽은 후, 정답을 쓴 사람은 단 한 명뿐이었다. 자녀에게는 약속을 잘 지키라고 가르치며 자신은 1분도 못되어 약속을 저버리고 빨리 문제를 더 풀려고 덤빈 자신들의 모습에 스스로도 어이가 없어 쓴 폭소가 터졌다. 이토록 '금전등록기' '트레이닝 그룹-T.G.' 등의 체험을 통해 엄마 자신들이 스스로 진솔한 자신의 모습을 발견하고 깨달아가게 했다. 동시에 서로가 상대의 모습을 비춰주며 역동적인 상승효과를 얻도록 해나갔다. 그동안 자신도 몰랐던 자기 모습에 황당해하기도, 또 '느낌과 생각'의 차가 얼마나 큰지를 깊이 체험하며 차츰 자각을 통한 변신을 시작했다.

많은 인내와 꾸준한 노력이 따르는 작업이었다. '생각'은 이치로 따져 판단한 것이라면, '느낌'은 심층에서 솟구치는 영혼의 진솔한 소리며 울림이요, 본심인 것이다. 그러기에 느낌은 번개처럼 강하게 상대에게 전달되고 공감할 수 있지만 집중하지 않으면 자신도 놓치고 만다. 진정한 만남이란 그런 영혼의 울림을 서로 교감하고 공감하는 체험을 통해 함께 상대의 입장에서 수용하고 이해하는 것이리라. 이렇듯 '스프링 그룹'은 그들 속에 구석구석 묻혀 있던 부부, 고부간, 자녀와의 갈등, 형제간의 불협화음, 등을 함께 씻으며 닦아 내어 나날이 나름의 변신으로 저마다 귀한 보석으로 거듭나게 한 샘터가 아니었을까!

그러고 보니 내가 그들에게 베푼 것보다 함께하며 얻은 생동감, 행복감은 어찌 헤아릴 수가 있으랴. 언제까지나 우리들 가슴에 사랑과 진실이 맑게 샘솟는 삶이기를 염원한다.

2015. 6.

별빛 같은 친구

후쿠오카공항의 11월 중순은 한산했다. 하기야 세계 1위를 자랑하는 한국의 인천공항을 떠올리면 시골 기차역 같은 느낌이 드는 것은 당연하다. 소위 88세 미수(米壽)를 맞은 기념으로 친구들이 전국에서 모이기로 했다. 함께 유후인(由布院) 온천에서 2박, 후쿠오카에서 2박하며 마지막이 될지 모를 아쉬움을 뒤로 각기 헤어졌다. 그러나 아츠코(敦子)는 나를 배웅하기 위해 공항까지 함께 나왔다.

유소년기를 지내던 길림(吉林, 중국 지방)에는 여자중학교(4년제)가 중국학교와 일본학교뿐이니, 나는 일본여고에 다녔다. 세계 2차 대전이 끝나자 모두 흩어져 남은 수가 절반이 될까 말까 했는데, 이 나이가 되니 거동할 수 있는 네 사람만이 모이게 된 거였다. 서로가 한심하고 어이없어하면서도 우린 살아 있음을 감사하며 그리운 여고 시절의 추억으로 밤이 깊어가는 것도 잊고 떠들고, 웃고, 울고 또 웃으며 이야기꽃을 피웠다. 당시 선생님들의 별칭부터 시작해서 등굣길에 개똥을 모아 비료생산에 보탬이 되게 하던 일, 운동장을 밭으로 갈아엎어 피마를 심던 일 등, 상식밖의 일로 전교생이 동원되어 그해 8월 초, 소련의 폭격이 길림에 가해질 때까지 그 작업은 계속되었다.

이렇듯 그 옛날을 나누며 즐거운 추억을 함께했던 내가 이 춘삼월 죽음 앞에 선 듯, 무서운 통증으로 시달리고 있으니 '한 치 앞을 모르는 것이 인생'이란 말이 절실히 와닿았다. 신경을 갉아먹는 희귀병에 걸린 듯 해산의 진통과 비교도 할 수 없는 극심한 통증은 하체를 온통 칼로 저미듯 했고 발가락까지 저리고 뒤틀리게 한다. 큰 병원에서 MRI로 진단받고 천신만고 끝에 4월 9일, 드디어 시술을 받게 되었다. 한데, 신기하게 시술받은 그날 밤부터 통증이 사라져, 참으로 오랜만에 편안한 잠에 빠져들었다. 제정신이 들자 '아~ 난 살았구나!' 평소 하나님을 믿지도 않는 내가 '주님 감사합니다. 감사합니다.' 나도 모르게 뜨거운 눈물이 솟구쳤다. 그러나 마취와 주사에 혹사당한 허리는 마음대로 움직일 수가 없었다. 당분간 안정하라는 의사의 권고에 따라 아이들은 나를 요양병원에 옮겨주었다.

석 달 동안 통증 속에 신음하던 몸이 모처럼 아늑한 휴식을 얻고 보니 꿈만 같았다. 똑바로 누워 천정을 바라보며 생각지도 못했던 안식의 여유로움에 가슴 밑바닥에서 치솟는 감사가 목울대를 뜨겁게 했다. 그동안 달려온 시간들, 남편을 떠나보낸 후부터 바로 지난겨울 다시 만날 것을 꿈꾸며 헤어진 소녀시절 친구들, 그리고 공항에서 헤어진 아츠코의 얼굴이 떠올랐다. 그날 우리는 그 공항 식당가에서 따끈한 우동으로 이별의 서운함을 달래며 헤어진 잠시 후, 뒤돌아보니 그녀가 먼발치에서 머뭇거리고 서 있질 않는가. 난 큰소리로 물었다.

"웬일이지. 뭐 잊었어?"

아츠코는 한달음에 다가와 나를 껴안았다. "이제 또 만날 수 있을까 싶어서, 발길이 안 떨어져." 말을 흐리며 눈망울이 젖어오던 그 얼굴. 바로 엊그제 같은데.

그녀와 나는 초등학교 5학년 때 함께 학교 합창단원이었고, 여고 입학 후에는 같은 반이 되면서 그 아이는 반에서 뒤쪽, 나는 맨 앞줄이었지만 집이 가까웠던 우리는 등하굣길을 거의 함께 했다. 여름이면 빨간 그라지오라스꽃이 활짝 피어 있던 아름다운 그 집 마당에서 만나 등교했고, 엄동설한에는 눈보라 헤치며 미끄러운 길을 조심스럽게 걸었던 하굣길. 그곳의 을씨년스러운 겨울 저녁 어스름한 골목길도 친구가 있어 따뜻했다. 그뿐이랴. 전교 피겨선수로 뽑힌 우리는 지평선이 붉게 물들 때까지 꽁꽁 얼어붙은 빙판에서 연습에 몰두했던 일 등, 얽히고설킨 추억들이 아스라이 멀어진 시간 속에 영화의 장면들처럼 되살아난다. 그러기에 6.25전쟁 후, 나는 일본적십자사의 도움으로 이 친구의 행방을 수소문하여 마침내 현해탄을 건너 상봉의 감격을 누릴 수가 있었다. 풋풋한 소녀시절 조국과 민족을 달리하고 주어진 여건은 달랐지만 순수하고 뜨거운 우리의 우정은 그 모든 것을 초월한 진실 그 자체였다. 얼마나 깊고 아름다운 인연인지. 우리의 재회는 인간의 노력만으로는 불가능한 신의 축복이었지 싶다.

퇴원하던 주말, 국제전화가 걸려왔다. "척추시술 한다더니 어찌되었어?" 그녀에게 자초지종을 전하며 고맙다고 했는데 다음 주말, 그다음 주말에 또 전화가 왔다. "이젠 좋아지고 있다고 했는데 왜 또 걸었어?" "너 못 걷게 될까 봐"란 대답이다. 괜스레 눈가가 뜨거워지며 문득 함석헌 옹의 시가 떠올랐다. 「그대 그런 사람을 가졌는가.」 아, 이 친구야말로 내게 그런 사람, 바로 그런 친구가 아닐까! 수년 전, 남편이 타계한 때도 그녀는 한국을 다녀갔다. 눈물겹도록 고맙고 미안하고 행복하기까지 했다. 최근 한 연구에 따르면 '장수하는 사람들의 단 하나의 공통점'은 놀랍게도 '친구의 수'가 결정적인 비결이라고 한다. 그렇다면 한 친구와의 깊은 우정도 귀하지만, 여러 친구를 아끼고 사랑하는 것은 꼭 장수를 바라서만이 아니라, 마치 밤하늘에 반짝이는 많은 별들과 교감하듯, 아름답고 맑은 보석처럼 귀한 만남은 우리 삶의 빛이고 보람이며 에너지가 아닐까!

참으로 삶이란 무엇이며 인간관계란 이처럼 애틋한 것인지. 멀리 떨어져 있어도 마음이 함께하듯 외로운 생의 지평에서 같이 걸어가는 영혼의 그림자 같은 친구. 그런 사람을 가졌음이 얼마나 자랑스럽고 감사한 일이랴! 내 가슴속에 별처럼 박혀 빛나는 다정한 얼굴들이 잔잔한 그리움으로 다가온다.

2018. 12.

다시 쓰는 유언장

사랑하는 우리 삼 남매 내외 그리고 예쁜 손자들아! 고마워요.

먼저 가신 아버님 따라 죽고만 싶은 충격을 너희가 있기에 내가 견디어 낸 것 같다. 너희 아버님 가신 지 벌써 9년의 세월이 지나갔네. 기왕 산다면 '막내 손자가 대학가는 거라도 볼 수 있었으면' 하며 미리 너희에게 남길 말을 써 놓았지. 한데, 그 아이도 이제 대학 4학년생이 되었을뿐더러 그때 50대 초반이던 너희 내외도 거의 60에 이르니 이젠 너희가 남은 내 걱정하기보다는 내가 너희들 걱정을 아니할 수가 없게 된 것 같다. 건강도 삶의 방향도 그렇고! 상황이 달라졌으니 새삼 세월이 빠름을 실감하며 기회가 주어져 여기 다시 남기고 싶은 말을 적어보려 한다.

사람은 누구나 태어나면 반드시 죽음을 맞게 되고 언젠가는 잊히고 말 것이다. 하지만 숨이 멎기 전에는 누군들 저승보다 이승이 낫고 사랑하고 그리운 사람의 가슴에 오래 머물러 있고 싶은 바람을 버릴 수가 있을까! 시인 천상병은 '인생은 소풍 길, 이 세상은 아름답다' 노래했고, 가수 최희준은 '인생은 나그네 길, 어디서 왔다가 어디로 가는가.'는 물음은 던졌지만 내게 인생은 고비 고비 고행의 길목이고 뜨거운 불꽃 튀기는 열정의 무대였다고 말하고 싶다. 무대는 막이 내리면 끝이 나듯이 죽음 앞에 인생의 막이 내려지는 것이 아니겠느냐.

생각하면 이 넓고 넓은 지구상의 그 많은 사람 중에서 우리는 한 가족을 이루었다. 불가에서 부모 자식의 인연은 전생의 몇 천겁의 두터운 인연이 쌓여 이뤄진다고 했듯이, 하늘의 특별한 섭리가 아니고서야 어찌 이 소중한 만남이 가능했겠는지 감사할 따름이다. 가신 아버님과 나는 너희를 낳아 키우면서 몹시 어렵고 힘든 고비를 겪었었다. 내가 박복하여 조실부모하고 일곱 동생을 함께 거느리고 사느라 가난했기에 어릴 적 원하는 것 뭐 하나 못 해주며 키웠는데 너희가 성장하면서 안겨준 기쁨과 즐거움이 오로지 우리 인생의 희망이고 보람이었다. 돌이켜 보니. 그때 너무 살기가 벅차 아직 어리던 너희 외삼촌이나 이모들을 고아원에라도 보냈으면 하고 망설이기도 했지만 만약 그랬었다면 지금 내가 동생들 앞에나 너희들 앞에도 떳떳지 못했을 거라 생각된다. 게다가 내가 대학입시를 앞둔 고교생의 교육을 책임진 터라 가정에 소홀한 때가 많아 어린 너희를 얼마나 서운케 했을까를 생각하면 지금도 가슴이 아려온다. 그러나 그 또한 너희와의 운명적 인연이라 생각하며 그 와중에도 최선을 다하려고 몸부림치며 노력한 엄마를 기억하고 이해해주기 바란다. '샘터사'에서 낸 『맞벌이 엄마 아빠의 실패와 성공 사례』도 바로 그 몸부림의 흔적이며 기도의 산물이라고 말하고 싶다.

때로 어찌 이런 사람이 내 자식이 되었을까? 그 미흡한 상황에서도 건강하고 반듯하게 잘 성장하여 바라보기만 해도 남이 부러워할 정도로 훌륭하게 사회생활도 가정도 꾸며 나가니 정말 대견하고 고마울 따름이다. 하지만 인생사가 인력으로만 될 수 없는 것이니 앞으로 매사를 최선을 다하되 하늘과 조상님의 보살핌이라 여겨 깊은 감사와 기원의 기도를 잊지 말기 바란다.

내 생애에 유독 안타까운 것은 너희 아버님이 가족들의 따뜻한 간병의 손길 한번 못 받으신 채, 중환자실에서 임종도 지켜드리지 못한 것이다. 하여. 내가 의식 없이 쓰러진 경우 '사전의료의향 인증서' 대로 수술이나 인공호흡기를 등 연명시키는 일체 조치는 거부하니 꼭 지켜주어야 한다. 비록 엄마는 작은 체구였지만 평생을 전력투구하여 내 생의 최선을 다해 열심히 산 것과 올곧은 너희를 자식으로 둔 것을 자랑으로 삼고, 사랑하는 너희들의 손을 잡으며 기쁜 마음으로 웃음 띠며 너희와 작별하고 싶구나. 이것은 오래전부터 생각해온 진실한 바람임을 고백해 둔다. 그리고 장례시 절차는 너희가 놓인 처지에서 가장 좋은 방법을 의논하여 간소하게 행하되, 특별히 내가 바라는 바는 없으나 아버님 뒤를 따라 가톨릭 의식으로 갈 수 있도록 도와주기 바란다.

아울러 너희가 지금껏 잘 살아왔지만 내 마지막 당부 또한 명심하여 주기 바란다. 첫째, 나이가 들어가도 결코 꿈을 잃지 말자, 둘째, 생각은 깊고 다양하게 하되 일단 마음먹으면 절대 포기하지 말자. 셋째, 순간순간 최선을 다하여 후회 없는 삶이 되기를. 넷째는 특히 아버님의 유훈인 '형제간의 우애'는 앞으로 평생을 두고 절대 어긋남이 없도록 당부하며. 조상님이나 부모는 인생의 선배이자, 자신과 피와 살을 나눈 뿌리니 자손에게도 가르침이 되어 든든한 줄기와 가지로 뻗어 가길 바라고 기원한다. 그리하여 매사에 정성을 다하면 하늘도 감동해 도움을 준다는 '지성이면 감천이라'는 정신, 또 성경 말씀에도 '하늘은 스스로 돕는 자를 돕는다.'고 하였으니 너의 정성을 다한 후, 하늘의 뜻을 기다리는 즉 '진인사 대 천명(盡 人事 待 天命)'을 잊지 말거라.

끝으로 내가 죽거든 국립보훈묘지보다는 선산 아버님 곁에 묻어주기 바라며 너무 슬퍼하지도 말거라. 하나, 나도 사람인지라 더 오래 너의 곁에 머물고 싶고, 때가 되면 또 보고 싶어질 수도 있을 거다. 혹 엄마 생각이 날 때면 내 삶의 애환을 담은 수필집 일곱 권과 마지막에 쓴 것을 통해 너희를 향한 엄마의 진솔한 사랑을 확인해 주면 고맙겠다.

사랑하는 내 아이들아! 인생고해를 건너자면 뜻밖의 고난과 마주칠 수도 있다. 하나 그 뒤에는 어김없이 기쁨이 찾아오는 법, 어떤 경우에도 인내와 용기로써 극복해 내기 바라며. 부디 건강에 유의하고 겸손한 자세로 매사에 감사하며 내외가 서로 사랑하며 행복하기를 나는 지하에서도 빌고 있으련다. 또한 애들아! 이승에서 너희를 만나 행복했고 내가 너희들의 엄마였다는 것이 자랑스럽고 고맙다. 부디 오래오래 행복하기를 바란다.

2020. 8. 엄마 김영의 남김

예전엔 몰랐던 나라 사랑

그때 나는 열여섯 살이었다. 처음 어른들을 따라서 만세를 외쳤던 감격의 여운이 지금도 남아 있다. '우리나라 만세~' 1945년 8월 15일, 일황(日皇)이 떨리는 음성으로 항복하는 라디오 방송을 들으며 만세를 불렀고, 이어 일제 강점기에서 우리가 해방되었다는 소식에 또 만세를 불렀다.

내 나라에서 쫓겨나 10여 년을 살던 중국 길림, 나의 유소년기의 추억 짙은 그곳에서 우리 가족은 해방의 기쁨으로 전 재산을 남겨둔 채 조국 땅을 찾아 압록강을 건넜다. 그 후 18세가 된 나를 앞세운 어머님은 필사적으로 38선을 넘어 남한 땅에 정착했다. 집도 땅도 다 버린 무일푼의 월남 피난민. 우리는 이루 말할 수 없는 가난을 겪으며 살아야 했다. 어찌어찌하여 부모님의 노력으로 후암동 아늑한 곳에 작은 집을 마련하고 집안이 차츰 안정되어 갔다. 내가 대학에 진학할 수 있었던 것도 그때였다.

하지만, 1950년, 6, 25전쟁은 또다시 모든 것을 버리게 했고 붉은 깃발에 덮인 서울을 탈출해 이름도 모르는 시골 산등성이에 초가집 방 한 칸을 얻어 한여름을 간신히 목숨을 부지할 수밖에 없었다. 전투경찰로 어느 전선에 계신지 알 수 없는 아버지, '이리 숨어 사느니 남자답게 나라 위해 싸워야지' 하는 몇 마디를 동생들에게 남기고 뛰쳐나가 행방이 묘연한 16살 남동생. 어머님은 큰딸인 나를 붙들고 눈시울을 붉히면서도 슬픔에만 젖어 계실 수 없어 남은 우리를 굶기지 않으려 애쓰셨으니 사는 것이 사는 게 아니었다. 오직 생명줄 같은 단파 라디오 한 대를 이불 속 깊이 숨겨놓고 '미국의 소리' 방송으로 정세를 살피는 것만이 당시 삶의 등불이고 희망이었다. 이 전국(戰局)이 어찌 되어 가는지? 어둠에 묻힌 산속, 포탄 소리가 잠잠해지다가도 또 산이 무너지는 폭격 소리의 연속. 오직 하늘의 달빛을 바라보며 온 가족이 무사하기를 바라면서 지새운 밤이 얼마였는지! 서울 수복을 손꼽으며 애타게 기다리던 나날은 또 얼마나 길었는지! 마침내 9.28 서울 탈환 소식에 가슴 북받쳐 나오는 환호를 무엇에 비하랴.

예전엔 미처 몰랐어요! 조국이 이렇게 소중한 줄은/ 이렇게 사무치게 그리울 줄도 예전에는 미처 몰랐어요.

김소월의 시 「예전엔 미처 몰랐어요.」에서 읽었던 시구에 '조국'을 넣은 말이 그냥 가슴에서 흘러나오는 것이 아닌가. 뜨거운 눈물이 마구 흘러내렸다. 조국은 내 몸의 세포 세포마다 깊숙이 배어 있었나 보다. 이 말은 내 깊은 속에서 터져 나온 얼의 부르짖음이었다. 인간의 삶에서 국가, 조국이란 몸의 한 세포로 연결된 떼려야 뗄 수 없는 존재로 내 안에 자리 잡은 것. 조국이 내 존재의 뿌리라는 것을 뼈저리게 느끼며 전율했다. 나는 진정 몰랐다. 해방의 기쁨, 만세의 감동에서나 필사의 탈출로 남하하던 격동 속에서도 나라 사랑의 뜨거운 피가 이렇게 끓어오를 줄은 미처 느껴보지 못했다. 이것은 단지 젊음 때문이 아니다. 말로 표현할 수 있는 모든 말보다 더 깊은 의지요, 혼이었다. 이때 비로소 나는 예전엔 미처 몰랐던 조국이 의미를, 즉 조국이 내게 무엇이며 나라가 얼마나 소중한 것인가를 절절하고 뜨겁게 느끼게 된 것 같다.

삶에서 '예전엔 미처 몰랐던 깨달음'이 오직 그뿐만은 아니련만! '예전엔 미처 몰랐던 조국 사랑'은 그렇게 내 속에서 펄펄 끓어올라 움직였다. 그러기에 포탄 위에 몸을 실으면서 죽음을 각오하고 학생 신분으로 자진 정훈공작대에 합류 북진을 감행했다. 귀한 조국을 위해서 한 몸 바치려 한 것이다.

2015. 11. 23.

노년(老年)의 미래와 꿈

　아들네 이삿날, 거실에 옮겨 놓은 소파에 안사돈과 나란히 앉아 한동안 이야기꽃을 피웠다. 학위를 마친 아들네가 하필 IMF 때 귀국하여 이렇게 정착될 때까지의 안타깝던 서로의 사연이며 이처럼 흉금을 터놓고 수다 떨기도 처음이었다. 창밖에는 하얀 눈꽃이 아들네의 이사를 축하하듯 흩날려서 보기에도 흐뭇했다. 점심때가 지날 즈음 사돈 내외께서 김이 모락모락 나는 떡시루를 안고 만면에 미소를 띠며 들어섰으니, 원 이렇게 반가울 수가! 바깥사돈은 이삿짐 옮기는데 신경을 써 주신다. 역시 딸네의 이사가 몹시 기쁘셨으리라.

　다음 날 약속이 있어 빨간색 광역버스로 서울을 향하던 내게 핸드폰이 울렸다.
　"어제 결례가 많았어요. 댁에까지 모시지 못해 죄송했어요." 안사돈의 전화다.

"무슨 말씀이세요. 감사합니다."

"부디 건강하십시오."

정중한 인사말을 남긴다. 나보다 몇 살 아래인 사돈댁은 언제나 겸손한 충청도 양반댁 마님을 연상케 하는 푸근한 분이시다. 그런데, 이튿날 이른 아침, 작은 며느리의 전화가 나를 깜짝 놀라게 했다.

"뭐, 뭐라고?" 떨리는 목소리다. 아니, 이럴 수가! 내 참, 그것이 마지막이 될 줄이야! 아침에 기척이 없어 흔들며 불러보니 어머니는 의식이 없으셨단다. 믿을 수 없었다. 밤새 안녕이란 말을 들어보긴 했지만, 바로 어제 나와 전화를 주고받은 가까운 이가 이렇게 허망하게 가버리다니. 큰 충격이 아닐 수 없다. 그러니 가족들은 얼마나 더 충격을 받았으며, 슬픔은 어찌 말로 할 수가 있을까? 고인께서 그래도 오랜 병마로 고통을 겪지 않으셨다는 말을 위안 삼아 유족들의 마음을 위로할 뿐이다.

2012년 이래 요즘에 이르기까지 '9988234' 아마도 이 말을 모르는 사람은 없을 것 같다. 즉 99세까지 88하게 살다가 2~3일만 앓고 가면 좋겠다(끝의 4:죽을 死자)는 뜻이니 장수시대에 들어서 이것이 노인의 미래요 꿈이었던 것 같다. 당시 '신바람 박사'란 애칭으로 전 국민에게 웃음을 선사하던 황수관 박사는 인기 절정의 장수 강연으로 바쁜 일정을 보내던 중 어이없게도 향년 67세로 세상을 떠났다. 우리 안사돈이 가신 지 3주 후인 12월 말 경, 패혈증으로 인한 돌연사로 황 박사의 장수 꿈은 좌절된 것이다.

이런 시각에서 볼 때 노인의 미래란 오직 죽음이며, 꿈은 어떻게 죽느냐의 문제에 귀착될 뿐인가 하는 비관적이고 부정적인 논리에 부딪힌다. 물론 장수가 인생의 행이냐 불행이냐의 논의도 있지만. 우리에게는 예부터 '인명은 재천(在天)'이란 사상이 깊숙이 잠재되어 있다. 아울러 삶과 죽음에 관해서는 '개똥밭에 굴러도 이승이 저승보다 낫다'는 속담, 또 '어제 죽은 자가 간절하게 살기 원했던 오늘'이란 말도 있듯이 인간에게는 이승의 삶 자체가 귀하고 소중하며 놓칠 수 없는 행복의 요람인 것이리라. 이 요람에서 행복의 씨앗을 뿌리고 결실을 거두어 가려는 내일의 과정이 노년의 미래라면, 후회 없고 편안하게 생을 마치려는 희망이 또한 일반적인 노인들의 평범한 꿈이며 행복이 아니겠는지. 굳이 운명론자나 종교인이 아니어도, 아무리 자신 있는 건강과 젊음 또 재력이나 권력을 갖춘 자라 한들 하나님의 부르심은 누구도 거역할 수 없을 것이다. 사람은 누구나 세월과 함께 늙고 죽음에 이르겠으나 그렇다고 어떻게 죽게 될까 하는 것만을 생각하면서 귀한 여생을 시간 낭비하며 헛되게 할 수는 없을 것이다.

그런 연유에서인지 성경에 이런 말씀이 있다.
'말세에 내가 모든 육체에 영을 부어 주리니… 너희 늙은이들은 꿈을 꿀 것이다.'
이 꿈이 자손들의 성공을 바라보는 일이든, 자신의 남은 생애를 아낌없이 이웃을 위해 나누는 모습이든, 혹은 자신의 마지막을 아름답게 가꾸는 꿈이든 간에 꿈 안에는 희망이 숨어있다. 꿈은 희망의 다른 표현이라 할 수 있다. 그런 꿈을 가지고 노년의 하루하루를 지낸다는 것은 아름다운 미래를 가꿔가는 것이며, 그래서 죽음과 만나는 순간까지 꿈을 꾼다는 것은 희망을 잃지 않는 미래가 있다는 것이다. 얼마나 고무적이고 고마운 일이냐. 나이든 노인도 존경받아야 할 인격체임에 틀림없고 한 인간으로서 자존감도 있다. 그러기에 늙어가는 과정에서도 정신을 올바로 가지고 육체가 허락하는 한 부지런히 움직이며 자신의 위치에서 가족이나 이웃에 부담을 주지 않도록 노력해야겠다. 거기에 무엇이라도 나누고자 하는 마음으로 살아간다면 그것이 아름다운 꿈의 실현이고 미래가 되는 것이 아닐까. 100세 시대에 이 땅에 장수하는 노인들이 하늘의 부르심을 받는 순간까지 어떻게 멋있고 보람 있게 자신을 지탱해야 젊은이에게 용기를 주며 귀감이 될 수 있을까를 고민하게 된다.

　육신의 노화가 진행될수록 의식이 있는 한, 지금 살아 있음의 자각이 더 절실하게 다가온다. 때로 '아, 내가 이 일의 매듭을 짓기 위해 이제껏 살았었구나!' 하고 보람을 느끼기도 한다. 그러나 건강을 위해 날마다 한 움큼씩 먹는 약을 꿀꺽 삼키다 보면 때로는 내 마지막도 고통 없이 꿀깍 넘길 수 있다면, 하는 이율배반적인 순간도 있다. 어쩌면 노년의 솔직한 심정은 오늘 밤 내가 편히 잠든 채, 마치 먼저 가신 안사돈처럼 깨어나지 않는 것인지도 모르겠다.　　　　　2017. 6.

갈석(碣石) 강석호 회장님을 기리며
- 회장님과의 오랜 인연 -

어찌 이렇게 가실 수가 있습니까, 강 회장님! 너무나 슬프고 안타깝습니다! 그래도 저는 회장님을 몇 해는 더 뵐 수 있으리라고 믿었는데. 지난 5월 '대화의 모임' 행사 날, 기독교회관에서 갖는 시상식에 앞서 잠깐의 틈을 타 카페에서 차 한잔 대접하며 이런저런 말씀을 나눈 것이 바로 엊그제 같은데. 그것이 회장님과의 마지막 만남이 될 줄 짐작이나 했겠습니까.

며칠 사이에 서늘해진 가을바람은 아무 일 없었다는 듯 무심히 흘러만 갑니다. 흔히 백세시대라는 요즘, 왜 꼭 계셔야 할 분이 그리 서둘러 가버리셨는지요. 회장님을 잃은 허망함과 서글픔이 어디 저 하나만의 심정이겠습니까! 비통한 심정을 억누르며 지난날을 반추해봅니다.

고 강석호 회장님과 저의 인연은 결코 짧다고 생각할 수 없을 것 같습니다. 지금부터 44년 전인 1974년, 제가 교육부 장학관으로 있던 시절, 강 회장님은 '교육평론' 주간으로 활동하셨던 것으로 기억합니다. 교육부 출입을 하시면서 가끔 자리를 함께하거나 얼굴을 마주치며 교분을 가진 바 있었습니다. 그 후 제가 서울시 교육청으로 복귀하여 교장으로 근무하던 중, 1988년 9월 1일자로 순환근무제에 따라 서울의 서초고등학교 교장에서 무학여자고등학교로 전근한 어느 날, 회장님께서 책 한 권을 들고 느닷없이 교장실을 찾아오셨습니다. 그때 수필집 『새벽을 적시는 내 가슴은』을 주시며 '앞으로 수필 월간지를 내게 되니 한 번 들르라'는 말씀을 남기셨습니다. 하지만 당시 저는 이미 85년도에 '한국수필'로 등단했거니와 새 학교로 옮겨 교내업무에 몰두해야 하므로 바로 찾아뵙지 못했습니다. 하지만 그 뒤에 뵐 때마다 회장님께서는 문학계의 여러 가지 정보도 주시고 글쓰기에 격려를 아끼지 않으셨습니다.

그동안 한국수필을 통해 등단만 했을 뿐, 문단 사정에 어두웠던 탓에 나름대로 쓴 글이 월간지에 실리면 그것으로 문학수행이 되는 줄 알았습니다. 회장님은 한국문인협회 가입 같은 일에 무지했던 제게 친절히 안내해 주셨을 뿐 아니라 때론 개인적인 수필 평, 수필쓰기 방법, 심지어는 한글을 독학으로 깨우친 제 미흡한 부분까지 관심을 가지고 가르쳐 주셨습니다. 1993년 『초원에 내리는 안개처럼』도 회장님의 격려에 힘입어 상재하면서 인연은 더욱 깊어졌습니다. 교직 퇴임 후 2003년 『그때가 있었기에』를 출간하게 되었고, 2005년 『우물가의 은행잎』을 엮어내게 되자 귀한 시간을 쪼개어 작품 하나하나를 세심하게 보시고 자상한 평을 올려주시어 격려를 아끼지 않으셨습니다. 뿐만 아니라 아직도 미흡한 제가 그해 수상의 영예를 입게 되었으니 큰 영광이었습니다. 그러니까 53세 늦깎이 문인인 저는 강석호 회장님의 사랑으로 이 험난한 문학의 바다에서 살아남아 오늘에 이르렀다고 함이 솔직한 심정입니다.

그리하여 2011년 『비취빛 삶이고 싶어』등 일곱 권의 수필집을 출간하게 된 것입니다. 따라서 체계적이고 전문적인 문학 공부를 거치지 못한 채, 글 쓰고 싶은 의욕만으로 뒤늦게 수필계에 입문하여 버텨온 것입니다. 덕분에 20년 만인 2005년 봄에 한국수필문학가협회 강석호 회장님의 이름으로 수여하는 '제15회 수필문학상'을 수상하게 되었고, 이어 2013년에는 '제2회 한국문인협회 월간문학상'을 수상하는 영광까지 누렸습니다. 강 회장님의 이끄심이 없었다면 글을 계속 쓰지도 못했을 것이고 아마도 한국문인협회 회원의 자격조차도 갖추지 못했을 것입니다.

바로 며칠 전 6월 17일(수), 강 회장님의 뒤를 이은 강병욱 대표와 오경자 회장 주간으로 제30회 수필문학상 시상식과 대화의 모임을 성황리에 마쳤습니다. 회장님 가신 후, 두 번째 행사였습니다. 식장은 하객들로 가득했습니다. 플래카드는 수상자의 사진까지 인쇄하여 화려하고 아름다웠고 식장 중앙에는 오셔야 할 귀빈들이 빠짐없이 자리를 메워 성대한 축하 분위기에다 손녀 따님이 중심이 된 아악의 식전축하 공연까지 곁들여졌으니 황홀하고 성대한 맺음이었습니다. 하지만 어쩐지 빈 가슴처럼 느껴오는 허전함을 지울 수가 없음은 회장님의 빈 자리 때문이 아닐는지요. 문우마다 아쉬워하며 헤어지기도 했습니다. 다시 뵐 수 없는 강석호 회장님, 떠올릴수록 새삼 설움이 복받쳐옵니다.

  강석호 회장님은 참으로 따뜻하고 깊은 통찰력을 가진 분이셨습니다. 얼핏 뵙기에는 경상도의 무뚝뚝함으로 엄하신 듯했으나 '글은 바로 그 사람의 인격의 반영'이라는 말처럼 그 자상한 인품이 그분의 글에서 전해집니다. 온 정성을 다하시어 『수필문학』을 30년 키워 오신 회장님, 눈을 감고 그간 베풀어 주신 사랑과 깊은 은혜에 감사드리며, 삼가고 강석호 회장님의 명복을 기원합니다.

2020. 6. 25. 金榮義 올림

'스승의 날' 회상
– 감동과 아픔 –

하얀 목련꽃 잎이 땅에 떨어져 뒹군다. 그 짙은 향기의 아쉬움을 달래듯 뒤쫓아 활짝 핀 영산홍의 붉은 빛깔이 마당 그득히 번지고 있다. 이맘때면 어김없이 다가오던 5월 15일 스승의 날을 지금도 잊지 못한다. 초여름의 태양을 느끼게 하는 오월이, '정년퇴임'이라는 인생의 경계선을 넘은 지 벌써 몇 해에 접어들었는가를 실감케 한다.

40여 년의 기나긴 터널을 겨우 빠져나와 밝고 홀가분한 자유로움을 맛보는 것 같으나, 한편으로는 새로운 삶을 향해 홀연히 옮겨 놓는 서툰 발걸음은 마치 어린아이가 처음 걸음마를 배워 홀로서기를 하듯 어설프고 조심스럽다. 흘러가는 하루의 시간 속에 예측불허인 자신의 남은 미래를 밟아나가면서도 또한 오늘에 이르도록 얽혀 나온 과거의 무게를 온몸으로 지탱하며 되씹어 본다. 그러기에 교직을 떠난 이 자리에서도 화창한 오월 속에 꽃피었던 스승과 제자에 얽힌 애틋했던 갖가지 추억들을 떠올리지 않을 수가 없다.

'스승의 날' 유달리 깊은 감회로 짙게 다가오는 사연들이 주마등처럼 아련하게 가슴을 적셔온다. 스물셋, 참으로 철없는 나이에 교직에 입문하여 시행착오를 거듭하면서도 '최선을 다 한다'는 명분으로 겁 없이 휘둘렀던 스승이라는 권위에 순종하며 따라주던 제자들. 그들의 밝은 얼굴을 떠올리니 하염없는 고마움과 정겨움이 교차된다. 365일을 40여 회 거듭하는 세월 속에서 많은 제자들과의 만남은 언제나 나를 새롭게 태어나게 하는데 큰 힘이 되곤 했던 것 같다. 더욱이 '스승의 날'을 감격으로 채워준 제자들의 이야기는 참으로 가슴 뿌듯한 것이기도 하다. 유복한 가정을 외면하고 조국의 장래를 지키고자 대학진학보다 '육사'를 지망한 학생회장 출신의 제자는 일선 장교로 복무 중 '스승의 날'이라고 틈을 내어 안부 전화를 걸어온다. 6.25동란의 잿더미 속에서 홀어머니와 남동생을 데리고 남산 중턱의 굴속에서 촛불을 켜고 숙제를 하며 끼니를 때우면서도 늘 깔끔하고 준수하여 나를 놀라게 했던 우리 반 반장이던 여학생. 그녀는 학업을 마친 후 첫 월급으로 마련한 것이라며 예쁜 부채를 사 들고 나를 찾은 정성스런 제자였다. 또 집안의 파산으로 오갈 곳이 없어 내 집에 잠깐 머물며 함께 했던 그녀는 십수 년이 지난 어느 날 화가가 되었다고 하며 큰 화폭을 껴안고 찾아오지 않았던가.

학업을 중단해야 할 위기에 도움을 주어 졸업할 수가 있었다며 먼 외국에서까지 잊지 않고 늘 남편과 함께 꼭 안부를 전하는 고마운 제자. 그것뿐이랴! 몇 해씩 보약을 지어 보내오는 제자, 바쁜 틈을 내어 내게 여행에 동참토록 초청하는 제자도 있었다. 어찌 그 감동적인 예를 일일이 들 수가 있으며 생각만 해도 가슴 뭉클한 제자들과 얽힌 눈물겨운 이야기를 다 할 수가 있을까. 그중에서도 내가 어느 여자중학교 교장으로 근무하던 시절, 2학년의 한 학생이 주고 간 카드 한 장은 또 다른 감동으로 남아 잊을 수 없다. 그 어리던 여학생이 누구인지를 찾지 못한 채 나는 그 학교를 떠나야 했다. 그 후 소식도 모르지만 그 카드에 적혔던 따뜻한 충고의 글은 지금도 가슴에 깊숙이 새겨져 나를 돌아보게 하는 소중한 금언(金言)으로 남아 있다.

사랑하는 교장 선생님께! 저는 선생님께 꼭 드리고 싶은 충고가 있어요. 그것은 선생님은 피곤한 것도 모르고 쉬지 않는 버릇 말이에요. 아셨지요. 제 충고를 꼭 들으셔야 해요. 부디부디 건강하셔야 해요.
 - (스승의 날 전농의 딸이)

'스승의 날' 하루 전이었다. 청소시간이 끝날 무렵 한 여학생이 빙긋 웃으며 교장실 내 책상 위에 흰 봉투 하나를 던져 놓고는 달아나듯 나가버렸다 이름 대신 '전농의 딸'이라고만 밝힌 채. 가슴에 단 명찰의 빛깔로 겨우 학년만 알아차렸을 뿐이다. 그 후, 얼마 안 되어 나는 다른 학교로 전근되었고 그 아이는 지금쯤 어엿한 사회인으로 또는 예쁜 규수로 성장하고 있을 것이다. 그때 나는 카드에 적힌 글을 읽고 또 읽으며 그 철부지 중학생이 휙 나가버린 출입문 쪽을 바라보며 교직에의 보람이 얼마나 큰 것인지 눈시울이 뜨거워 오던 그 순간을 지금도 기억한다. 이젠 정년퇴임을 했다고 많은 제자들의 위로와 더불어 오월 스승의 날을 맞으니 선생님을 모신다고 하여 어제도 50대 초반으로 늙어 가는 제자들의 정성 어린 향연에 초대받아 즐기고 왔다. 얼마나 고맙고 염치없으며 또한 뿌듯한 일인가. 나는 과분한 복에 감사할 따름이다.

아~ 그러나, 나의 교직 마지막 해인 1994년 10월 21일, 불의의 큰 사고가 세상을 놀라게 했다. 바로 '성수대교 붕괴 참사'다. 이것은 물론 학교로서는 불가항력의 사건이기는 했다. 하나 이 일로 희생된 여덟 명의 꽃다운 내 제자들을 잃은 생각을 하면 지금도 가슴이 찢어지듯 아프다. 비록 학교의 잘못으로 희생된 것은 아니지만! 이럴 수가! 출근 시간에 성수대교를 달리던 버스가 다리가 붕괴되는 바람에 승객들을 실은 채 수몰되어 버린 것이다. 드라마도 아닌데 아침 뉴스에 TV에 생중계가 되었었다. 믿을 수 없었다. 있을 수 없는 일이 생긴 것이다. 참으로 어이없고 기막히지 않는가. 떠올리기만 해도 목이 메고 침통하기 그지없다. 이 돌이킬 수 없는 제자들의 비운 앞에 스승으로서 할 수 있는 일이 아무것도 없었기에 더욱 참담한 심정이었다. 나는 교내에 추모회관 건립을 꾀한 후 퇴임을 했거늘, 그마저 성사되지 못하고 만 것이다. 혹여 그 다리 앞에 추모비라도 세워 뜻 있는 이들이 꽃송이라도 바칠 수 있기를 바란 일은 나중에 성사되었기에 몇 선생님들과 함께 꽃을 올리고 왔지만, 끔찍한 그 일은 생각할수록 너무나 원통하다. 오로지 무학(舞鶴)여고의 여덟 청학(靑鶴)들의 명복을 거듭 빌며, 그 가정의 평안을 기원할 뿐이다.

무겁기만 한 마음을 다스리며 40여 년 교직 수행 중 억울하게 희생된 이들 어린 넋 앞에 이 사회와 어른들의 잘못을 무어라 사죄해야 할지, 또 한들 무슨 소용이 있겠는지 아픈 회한만 남는다. 꽃향기 그윽한 오월의 훈풍이 그들의 넋을 달래려는 슬픔으로 풍겨오는 것은 나만의 기우이기를 바라면서.

2015. 5.

나를 눈물짓게 하는 것

 세상에 눈물 없는 사람이 있을까. 슬픔 없는 가슴이 어디 있으랴. 나는 눈물 없는 사람을 좋아하지 않는다. '내 사전에 불가능이란 없다.'고 했던 천하의 영웅 나폴레옹도 인생의 쓴잔을 마신 세인트헬레나 섬에서 눈물 젖은 애가를 불렀다고 한다.

 눈물이 없는 사람은 따뜻한 가슴이 없다. 사람은 자기가 흘린 눈물만큼 인생의 깊이를 안다고도 한다. 하지만 예전에 나는 눈물을 흘리지 못했다. 그땐 눈물 흘리는 것조차 내게 용납되지 않는 사치로 여겨지는 상황이었기 때문이다. 그런 내가 왠지 모르게 요즘 눈물이 흔해졌다. 혼자가 되어서? 그립고 외로움에 묻혀 살아서? 박완서, 박경리 두 작가가 말한 것처럼 나도 그 연배여서 그런지 '다시 젊어지고 싶지 않다'는 심정에 공감한다. 누구에게 강요받거나 무엇을 책임져야 할 일에서 모두 벗어나니 이렇게 편안한 것을, 너무 감사해서일까. 그런데, 웬 눈물이 많아졌지? 자문자답해 본다.

눈물은 외롭고 슬프거나 서글플 때 흐른다. 그래서 흔히 눈물은 슬픔의 상징이라고도 하지만, '신이 인간에게 선물한 치유의 물이다, 슬픔에는 눈물이 최고의 명약이다'고도 전해온다. 그러나 때로는 기쁨이 가슴에 벅차오르거나, 또 감사가 넘칠 때, 깊이 감동될 때 목울대가 떨리면서 눈가가 젖어오는 것을 막을 수 없다. 나는 그 눈물을 숨기고 싶지 않다.

이른 아침, 잠에서 깨어 무거운 몸을 일으켜 커튼을 젖히면 눈부신 햇살이 창문 가득히 미소를 띠고 나를 반겨준다. 아, 안녕~! 오늘도 건강하세요,~ 반가워요. 내게 힘이 솟게 하는 새 아침이다. 집을 나와 주거단지 옆길에 발걸음을 옮기면 하늘을 가린 나뭇잎들의 풋풋한 진초록에서 물감이 뚝 뚝 떨어질 듯 그 싱그러움이 가슴에 퍼져 생기를 북돋운다. 퇴행성관절염으로 보폭이 10센티도 안 될 아기 걸음을 걷자니 인내와 주의집중을 한 수 더 배워야 하니, 사람은 죽기까지 배운다고 하지 않던가. 버스를 타기 위해 건널목을 건너려고 한발 한발 옮겨 겨우 반쯤 가다 보면 이미 신호가 바뀌 버려도 나는 대책 없이 그냥 더 갈 수밖에 없다. 정지선에 멈춰선 차들에게 손을 흔들어 '고마워요. 내가 부득이하니 미안해요.' 목맥하는 나는 눈엔 미소를 끼지만 미소 뒤엔 눈물이 고인다. 정류장의 의자는 둘도 없는 쉼터. 손을 들면 노선

나를 눈물짓게 하는 것 223

버스가 내 앞에 선다. 어쩌다 눈치 빠른 기사님은 인도에 가까이 차를 바싹 대준다. '이렇게 배려해 주다니!' 한 단 높은 인도에서 올라탈 수 있어 아픈 다리의 수고를 덜어준다.

"기사님 고맙습니다." 인사말 뒤로 소리 없는 눈물이 가슴속에 흘러내린다. 순간 내가 왜 이런 거리의 약자로 전락 되었을까 되돌아본다.

매 순간 최선을 다하는 삶을 지향해왔는데. 자문자답은 버릇이 된 것 같다.

"아니 그 나이에 다리마저 안 아프시면 되겠어요!" 친숙한 늙은 후배들의 그럴듯한 한마디다.

"그럼요, 감사하고 있어요." 응수한다. 국내 제일이라는 이곳 복지관에는 음악, 서예, 어학, 운동, 건강관리, 컴퓨터 등 백여 가지의 프로그램이 운영되고 있어 셔틀버스가 회원들을 모셔 가고 모셔다 준다. 이 버스가 없었다면 이 지역 어른들이 노년의 삶을 이토록 활기차게 즐길 수가 있을까. 그뿐이랴, 복지관의 늙으신 동료들의 차 한 잔의 정에도 행복감이 넘실거린다.

3월 초, 갓 스물이 된 막내 손자가 군에 입대했다. 아들 둘을 군대에 보냈어도 논산훈련소는 가보지 못했다. 석사장교로 영천에서 훈련받았기 때문이다. 한데, 뒤늦게 이제 진해 못지않게 벚꽃으로 병풍 둘린 길로 논산훈련장까지 나들이를 하게 되다니! 아직도 어린이 같던 우리 손자 두희(斗熙)의 늠름함이 자랑스럽고 흐뭇해 눈물겨웠다. 더욱

이 입소식 때, 6.25 참전 유공자라는 이유로 내가 특별 초청되어 단상에서 연대장을 도와 대표 사병의 견장을 달아주게 되었다. 이 무슨 인연으로 내가 이런 영광을 누린단 말인가. 문득, 내 나이가 바로 이 손자 또래였을 때 군복을 입고 북진을 했었구나 하는 짙은 감회에 가슴이 벅차올라 눈시울이 뜨거워 왔다. 하늘의 보살핌이 아니고서야! 이렇듯 살아남아 뜻깊은 감사와 감격의 순간을 맞으니 이렇게 행복해도 되는 것일까 하는 생각마저 든다.

일찍이 괴테가 '눈물 젖은 빵을 먹어보지 못한 사람은 인생의 참다운 맛을 모른다.'고 했고, 조계종 여래임 주지 범산 큰스님은 '출렁이는 대양은 수많은 인생들이 흘린 눈물이 아닌가? 불어오는 바람은 수많은 인생의 슬픈 한숨이 아닌가?
영웅도 울고 호걸도 울고 간 세상이다. 부자의 가슴에도 눈물이 있고, 장수의 눈에도 슬픔이 젖어 있다.'고 하지 않는가.

지금도 귓가에 앳된 막내 손자의 속삭임이 울려 온다.
"할머니! 제가 제대해 올 때까지 꼭 건강 지키셔야 해요."
떠나면서 남기고 간 당부다. 이 진심 어린 어린 것의 한마디에 나는 가슴이 뜨거워져 눈물 짓지 않을 수 없었다.

2017. 11.

金榮義 年譜

號 : 翠園(취원), 출생 : 1930. 1. 27.(음력 : 1929. 12. 28.)
日本 東京都 杉並區 高圓寺町에서 부친 김흥두(金興斗), 모친 장애희(張愛希)의 장녀로 태어남. 다섯 살 때 滿洲 吉林으로 이주. 1945 조국해방으로 귀국.

학력 및 교직 경력
1953　　　서울대학교 사범대학 사회교육과 졸업
1953~71　부산경남여중 교사로 출발, 서울사범학교, 서울대학교
　　　　　사대부고, 성동여자실업고. 경기여고에서 근무
1972~　　영동중학교, 금호여중 교감
1974~78　교육부 중앙교육원 장학관, 서울시 교육연구원 연구관.
1979~95　서울 전농여자중학교, 서초고등학교, 무학여자고등학교 교장역임.

기타 경력
1956~60　KBS(Radio) 학교방송 집필. 방송위원
1984~87　한국교육개발원 교육방송 자문위원
1985~88　한국여성개발원 자문위원
1991~93　전국(서울) 國公私立 중등학교 女校長會 회장
1993~95　서울시 카운슬러협회 회장
1995~99　서울시 마포.송파 도서관 문화교실 강사
　　　　　'좋은 부모 역할 체험프로그램 (3~6개월 코스)
1997~00　MBTI 고급과정 이수 (한국심리유형 지도강사)
1998~00　성남문화원 이사 및 부원장

1993~03 서울시 모범공무원 및 자랑스런 서울시민상 심사위원
2005~08 성남문화원 자문위원 '강정일당 축제 추진위원' 기타
2010~   국가 유공자 (6.25 참전)

문단경력

1985   『한국수필』「꿈과 현실의 다리」로 등단
         한국수필가협회 회원
1992   한국문인협회(수필)회원
2001   '문학의 집(서울)' 회원
1992   한국수필문학가협회 회원
2002~   한국수필문학가협회 이사(현재)

저 서

1971   대입 일반사회 핵심과 문제. / 동아출판사(참고서 문제집)
1975   한국 취학전 교육분석 논문 / 중앙교육연수원
1976   여교사 출산휴직제도 모형개발 논문 / 서울대학교 행정연수원
1985   『꿈과 현실의 다리』 / 미리내 (수필집)
1986   『가슴에 흐르는 강』 / 아이템뱅크 (수필집)
1988   『맞벌이 엄마 아빠 자녀교육 사례』 / 샘터사 (유아교육 신서)
1993   『초원에 내리는 안개처럼』 / 교음사 (수필집)
2000   『신(神)은 다시 손을 잡아 주셨다』(공저) / 6. 25 이야기
         서울대학교 사대기독교여성동문회
2003   『그때가 있었기에』 / 교음사 (수필집)
2005   『우물가의 은행 잎』 / 교음사 (수필집)
2011   『비취빛 삶이고 싶어』 / 한누리 미디어(수필집)

수 상

1970	교육부장관상 (학생 생활지도)
1975	교육부장관상 (문교통계 연보)
1980	교육부장관상 (우수학교 운영)
1988	서울올림픽대회 기장증 (체육부장관)
1994	제13회 경향사도상 횃불상 (경향신문사장)
1995	대한민국 국민훈장 동백장 (교직, 대통령)
2005	제15회 수필문학상 (한국수필문학가협회 회장)
2010	국가참전유공자증 수여 (대통령)
2010	강정일당상 (성남시문화원 원장)
2013	6.25참전 수기 공모 장려상 (국가보훈처장)
2013	호국영웅기장증 (국가보훈처장)
2013	제2회 월간문학상 (한국문인협회 이사장)
2014	청관대상 사도상 (서울대학교 사법대학 총동창회장)

가족관계

남편 : 이명우(李明雨, 2011년 2월 10일 타계)
장녀 : 이상미(李相美), 장남 : 상호(李相昊), 차남 : 상헌(李相憲)
사위 : 남상권(南相權), 자부 : 김수미(金秀美), 한영이(韓英伊)
외손자 : 남윤우(南允祐), 손자 : 이원희(李元熙), 태희(李台熙), 두희(李斗熙).

주소 : 05236 서울시 강동구 고덕로131. 강동 롯데캐슬퍼스트 137동 1602호

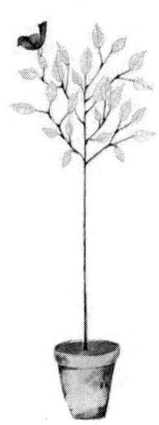

김영의 수필집
한 마리 사슴 되어

2020년 11월 1일 초판 인쇄
2020년 11월 5일 초판 발행

지은이 / 김영의
발행인 / 강병욱

발행처 / 도서출판 교음사
편집 / 隨筆文學社 出版部

03147 서울 종로구 삼일대로 457 수운회관 1308호
Tel (02) 737-7081, 739-7879(Fax)
e-mail : gyoeum@daum.net
등록 / 제2007-000052호

* 잘못된 책은 바꿔 드립니다. 값12,000원

ISBN 978-89-7814-802-3 03810

이 도서의 국립중앙도서관 출판예정도서목록(CIP)은 서지정보유통지원시스템
홈페이지(http://seoji.nl.go.kr)와 국가자료종합목록 구축시스템(http://kolis-net.nl.go.kr)에서
이용하실 수 있습니다.(CIP제어번호 : CIP2020047394)